| 일러두기 |
- 인명과 지명은 국립국어원의 외래어 표기법을 따르되 이미 굳어진 경우 관례에 따라 표기했습니다.
- 역사 용어는 학계의 일반적인 표기를 따랐습니다.
- 이 책에 실린 사진 중 저작권자와 접촉이 되지 않는 등 불가피한 사정으로 사용 허가를 받지 못한 사진에 대해서는 저작권자의 허락을 구하는 대로 승인을 받고 사용료를 지불하겠습니다.
- 이 책에 실려 있는 지도와 그림의 저작권은 별도의 표기가 없는 한 (주)스푼북에 있습니다.

• 차례

1장
제국주의의 침략과 근대 국가 수립 운동 … 006

영국의 인도 침략 | 세포이 항쟁 | 인도 국민 회의의 반영 운동 | 동남아시아의 근대 국가 수립 운동 | 동남아시아의 반외세 민족 운동 | 오스만 제국의 쇠퇴 | 오스만 제국의 근대적 개혁

2장
제1차 세계 대전 … 024

제1차 세계 대전의 배경 | 제1차 세계 대전의 시작 | 제1차 세계 대전의 전개 | 제1차 세계 대전의 종결 | 제1차 세계 대전의 특징

3장
제1차 세계 대전 이후의 세계 … 050

파리 강화 회의 | 베르사유 조약 | 독일 바이마르 공화국 | 여성 참정권 운동

4장
러시아 혁명 ... 070
혁명 전의 러시아 | 피의 일요일 사건 | 3월 혁명 | 11월 혁명 | 사회주의 국가의 수립

5장
대공황과 독재자 ... 094
대공황의 발생 | 대공황의 극복 | 이탈리아의 파시즘 | 독일의 나치즘 | 소련의 스탈린

6장
제2차 세계 대전 ... 116
제2차 세계 대전의 배경 | 제2차 세계 대전의 전개 | 중일 전쟁과 태평양 전쟁 | 제2차 세계 대전의 종결 | 제2차 세계 대전의 결과와 전후 처리

1장
제국주의의 침략과 근대 국가 수립 운동

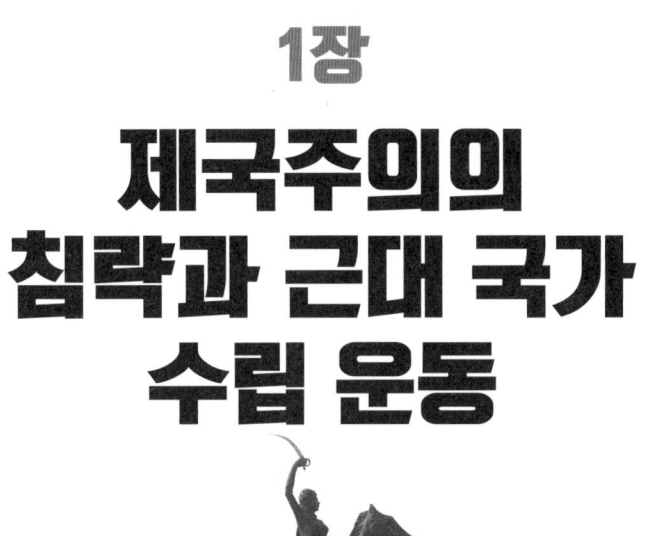

| 영국의 인도 침략
| 세포이 항쟁
| 인도 국민 회의의 반영 운동
| 동남아시아의 근대 국가 수립 운동
| 동남아시아의 반외세 민족 운동
| 오스만 제국의 쇠퇴
| 오스만 제국의 근대적 개혁

19세기 후반 서구 열강은 경제력과 군사력을 앞세워 적극적인 대외 팽창 정책을 추진하고 약소국을 식민지화하여 원료 공급지와 상품 시장으로 만들었어. 당시 급속한 산업화로 사회적 갈등이 심각했는데 이에 제국주의 국가들은 다른 국가와의 경쟁에서 승리하기 위해선 국민의 단합이 필요하다고 강조했어. 그 덕분에 국민들의 관심을 밖으로 돌릴 수 있었어. 또한 적자생존, 약육강식의 논리를 국제 질서에 적용하면서 우수한 인종이 열등한 인종을 지배하는 것은 당연하다고 주장하기도 했지. 이에 제국주의 국가들의 경제적 수탈과 정치적 간섭을 견디다 못해 식민지 사람들이 들고일어났어. 그럼 제국주의 국가들이 인도와 동남아시아, 서아시아를 어떻게 침략했고 그 속에서 아시아 여러 나라의 근대 국가 수립을 위한 근대화 운동이 어떻게 전개되었는지 살펴보도록 하자.

▼ 세포이 항쟁

영국의 인도 침략

17세기 말부터 잦은 정복 전쟁과 재정 파탄, 지방 세력의 반란 등으로 인도의 무굴 제국은 국력이 약화되었어. 이때를 노려 서양 열강들은 인도에 침입하기 시작했지. 영국은 동인도 회사를 앞세워 인도의 동북 지방을 장악한 뒤 인도의 향신료 무역을 독점했어. 또한 인도의 값싼 노동력을 이용해 향신료 농장을 직접 경영하며 큰 이윤을 남겼지.

프랑스도 영국의 뒤를 이어 동인도 회사를 설립하고 인도에 진출했어. 영국과 프랑스는 결국 1757년 벵골 지방을 둘러싸고 플라시에서 전투를 벌였어. 전투에서 승리한 영국은 인도의 무역을 독점하기 시작했지.

▲ 플라시 전투 뒤 영국 동인도 회사와 인도 벵골군의 만남

이제 영국은 거칠 것이 없었어. 그러나 아직 영국이 인도 전체를 손에 넣은 것은 아니었지. 무굴 제국에 맞서는 인도 지방 세력이 저마다 왕국을 건설하고 영국에 대항했거든. 인도 남쪽 마이소르 왕국은 30여 년 동안 네 차례에 걸쳐 전쟁을 했어. 하지만 결국 영국에 의해 멸망하고 말았지.

마라타 동맹은 18세기 인도 최대의 세력으로 쇠락한 무굴 제국을 대신해 영국 세력에 대항하던 연합체야.

　영국은 남인도를 장악하고 마라타 동맹의 일부 세력을 자기편으로 끌어들여 19세기까지 이어진 마라타 동맹과의 전쟁에서 승리를 거두고 중인도 지역까지 장악해. 영국은 이어 북인도 펀자브 지역의 시크 왕국까지 분열책과 전쟁을 통해 차지했어. 이처럼 영국은 인도에 민족적·지역적·종교적 갈등을 불러일으켜 인도인 사이의 대립과 분열을 조장하며 세력을 확대했지.

　인도 전역을 차지한 영국은 경제적 착취를 시작했어. 인도인에게 많은 세금을 거두어들였고 값싼 영국산 면제품을 대량으로 인도에 수출해 인도의 가내 면직물 산업을 몰락시켰지. 또한 면화와 아편, 차 등 수출용 작물을 재배하도록 강요했어.

▼ 시크 전쟁을 그린 그림

인도 면직물 산업의 몰락

17~18세기 인도는 세계 최대의 면직물 수출 국가였어. 영국의 모든 여성이 인도의 옷감으로 만든 옷을 입고 있다고 할 정도로 영국뿐만 아니라 세계 각지에 면직물을 공급했지. 하지만 영국이 산업 혁명을 통해 공장에서 면직물을 대량으로 생산하면서 상황은 바뀌게 되었어. 영국산 면직물은 가내 수공업에 의존한 인도산 면직물보다 값이 싸고 품질이 더 좋아 인도산 면직물이 차지하고 있던 자리를 대체하기 시작했거든. 결국 인도에 수입된 영국산 면직물 때문에 인도의 대표 산업이었던 면직물 산업은 급속히 몰락하게 되었어.

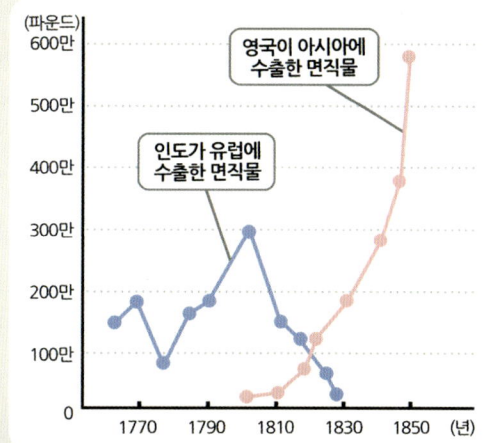

▶ 인도 면직물 산업의 몰락

세포이 항쟁

영국의 식민 통치와 경제적 착취에 대해 인도인은 불만을 표출하기 시작했어. 특히 동인도 회사의 용병이었던 세포이들이 1857년 인도 최초의 민족적 항쟁을 일으켰어. 이를 바로 세포이 항쟁이라고 해. 세포이들은 처음에는 영국을 위해 열심히 일했으나 영국의 횡포에 대한 불만과 종교적인 갈등으로 그들과 맞서게 되었어. 세포이 항쟁은 인도 북부로 확대되어 영국의 식민 지배에 저항하는 인도 독립 전쟁으로 발전해. 하지만 본국의 지원을 받은 영국 동인도 회사의 진압으로 실패하고 말지. 비록 세포이 항쟁은 실패했지만 인도 최초의 대규모 민족 운동이라는 큰 의의가 있단다.

세포이 항쟁으로 영국은 인도에 대한 태도가 변화했어. 동인도 회사를 통한 인도 지배에 한계를 느낀 영국은 동인도 회사를 해산하고, 무굴 제국의 황제를 폐위했어. 그리고 형식적인 주권을 유지하던 인도를 직접 통치하기 위해 인도 통치 개선법을 제정했지. 이어 1877년 영국의 빅토리아 여왕은 영국령 인도 제국을 수립하여 직접 인도를 통치하기 시작했어.

세포이 ▶

역사 속 재미 쏙

세포이 항쟁의 원인, 소와 돼지의 기름

당시 세포이들이 새로 지급받은 총을 장전하기 위해서는 화약포를 입으로 찢어야 했어. 여기에 힌두교에서 신성하게 여기는 소, 이슬람교에서 금기로 여기는 돼지의 기름이 발라져 있다는 소문이 돌았지. 이 소문은 대부분이 힌두교도와 이슬람교도인 세포이들에게는 종교적인 금기를 어긴 것으로 간주되는 엄청난 사건이었어. 게다가 영국이 그들을 크리스트교로 개종시키려 한다고 생각했어. 이에 세포이들은 총의 사용을 거부하게 되지. 그러자 영국인 장교가 이들을 처벌했어. 이것이 발단이 되어 항쟁이 시작되었단다.

인도의 잔 다르크, 락슈미바이

인도의 수도 델리 근교에서 일어난 세포이의 봉기는 인도 북부로 확대되어 영국의 식민 지배에 저항하는 대규모 민족 항쟁으로 발전했어. 그리하여 한때 항쟁 주도 세력이 델리를 점령하기도 했어. 당시 반영 운동을 이끈 인물 중에 락슈미바이라는 여성도 있었지. 락슈미바이는 원래 인도 내의 작은 왕국인 잔시의 왕비였는데, 1853년 그녀의 남편이 죽자 영국 동인도 회사는 대를 이을 자식이 없다는 이유로 잔시 왕국을 강제로 차지했어. 이에 락슈미바이는 스스로를 여왕이라 부르며 군사를 모아 영국에 저항했지. 얼마 뒤 세포이 항쟁이 일어나자 락슈미바이는 적극적으로 참여하여 선두에 서서 용감하게 싸웠어. 그러나 영국군과의 전투 중 23세의 젊은 나이로 전사하고 말지.

▶ 락슈미바이

벵골 분할령은 힌두교 신자가 많은 서벵골과 이슬람 신자가 많은 동벵골로 거주지를 분리함으로써 인도인의 민족적 통합을 방해해 민족 운동을 약화시키려는 것이 주된 목적이었어.

인도 국민 회의의 반영 운동

19세기 들어 영국이 인도에 대한 지배를 강화하자 인도 사람들도 근대화의 필요성을 느꼈지. 그래서 종교인과 지식인 들을 중심으로 민족 운동을 활발히 전개했어. 람 모한 로이를 중심으로 브라마 사마지라는 종교 단체를 조직하여 힌두교의 우상 숭배 배격, 카스트제 반대, 여성의 권리 신장, 인도인의 교육 확대 등 종교적·사회적 개혁을 주장했어.

인도인들의 민족 운동이 확대되자 영국은 관료와 지식인 들을 회유하여 인도에 대한 식민 지배를 원활히 하고자 했어. 이에 영국에 협조적인 관료와 지식인을 모아 '인도 국민 회의'를 결성하도록 했어. 초기의 인도 국민 회의는 영국의 인도 지배를 인정하면서 인도인의 권익을 확보하는 데 주력했어. 하지만 영국이 힌두교도와 무슬림의 분열을 꾀할 목적으로 벵골 분할령을 발표하자 반(反)영 운동에 앞장서게 돼.

▲ 인도 국민 회의 창립 대회 참석자들

인도 국민 회의는 영국 상품 불매, 국산품 애용, 자치 획득, 국민 교육 진흥을 결의하고 민족 운동에 앞장서게 되었어. 지식인뿐만 아니라 일반 민중도 광범위하게 이 운동에 참여했지. 그리고 분리 독립을 추구하던 무슬림까지 합세해 전국적인 민족 운동으로 발전하였어.

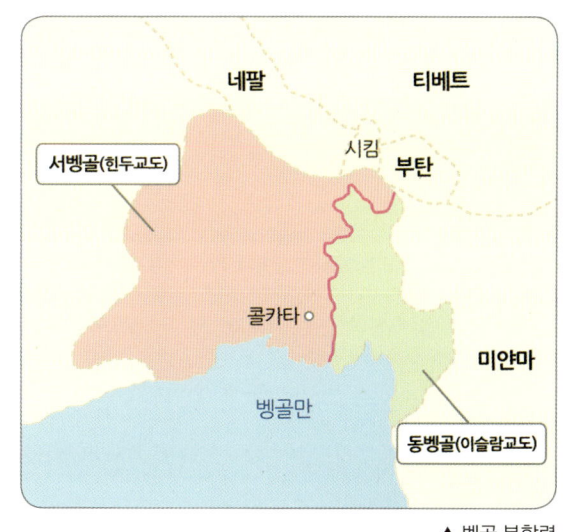

▲ 벵골 분할령
― 동벵골과 서벵골의 분할선
▨ 분할 전의 벵골주

인도인의 반발이 확산되자 마침내 1911년 영국은 벵골 분할령을 철회해. 영국은 인도 사람들을 회유하기 위해 명목상의 자치권을 인정해 주기로 하지.

동남아시아의 근대 국가 수립 운동

동남아시아는 15세기 말 유럽인들이 신항로를 개척하면서부터 유럽 세계의 큰 관심을 받게 되었어. 물론 신항로 개척 이전에도 유럽인들은 동남아시아를 알고 있었지만, 동남아시아로 가는 길목에 서아시아의 이슬람 국가들이 딱 버티고 있어서 쉽게 갈 수 없었지. 그러나 신항로 개척 이후 더 이상 이슬람 국가들을 거쳐서 갈 필요가 없게 된 거야. 이에 서양 국가들은 앞다투어 향신료가 많이 생산되는 동남아시아로 몰려들었어. 그러다 점차 무역을 넘어서 아예 동남아시아를 식민지로 삼고자 했지.

영국 때문에 인도에서 밀려난 프랑스는 베트남을 중심으로 인도

차이나의 식민지 경영에 나섰어. 19세기 청과의 전쟁에서 승리하면서 그것을 계기로 베트남을 식민지로 만들었으며 그 뒤 베트남과 캄보디아, 라오스를 합쳐 프랑스령 인도차이나 연방을 수립했지.

> 근왕 운동은 황제를 지키고 서양 세력을 몰아내고자 한 운동이야.

한편 영국은 말레이반도를 침략해 싱가포르를 거점으로 믈라카 해협을 장악했어. 이후 영국은 보르네오섬 북부와 말레이반도를 아우르는 말레이 연방을 만들어 지배했단다.

동남아시아의 반외세 민족 운동

19세기 후반까지 태국을 제외한 동남아시아 전역이 유럽 열강의 식민지가 되자 이에 맞서 각 지역에서 반식민지 투쟁과 민족 운동이 전개되었어. 또한 서양 문물을 수용하여 개혁을 추진하려는 근대화 운동도 일어났지.

베트남에서는 프랑스군의 공격을 피해 궁전을 탈출한 베트남 황제가 프랑스의 침략에 대항할 것을 호소하자 전직 관료, 지방의 학자, 지주를 중심으로 근왕 운동이 일어났어. 판보이쩌우는 베트남 유신회를 결성하고, 근대 문물을 도입하기 위해 일본 유학을 권장하는 운동을 벌였지. 이어 베트남 광복회를 조직하여 프랑스의 식민 지배에 맞서 독립 운동을 전개했어.

▲ 판보이쩌우

필리핀은 에스파냐의 지배를 받고 있었는데 호세 리살은 에스파냐인과 필리핀인의 동등한 권리를 요

◀ 호세 리살

구하면서 필리핀 동맹을 만들어 계몽 운동과 민족 운동을 전개했지. 또 다른 독립 운동 지도자 아기날도는 에스파냐가 미국과 전쟁을 벌일 때 미국에 협조하면서 필리핀의 독립을 선언하고 공화국을 선포했어. 그러나 미국이 약속을 어기고 필리핀을 식민지로 삼자 필리핀인들은 독립을 위해 반미 항쟁을 전개하지.

인도네시아에서는 19세기부터 수마트라섬의 농민들이 저항을 이어갔으며 20세기에는 지식인과 상인을 주축으로 이슬람 동맹이 결성되어 네덜란드에 대한 독립 운동과 근대화 운동을 전개해. 특히 인도네시아 여성 교육 운동의 창시자인 카르티니는 네덜란드의 지배에서 벗어나려면 교육, 특히 어머니가 될 여성의 교육이 무엇보다 중요하다고 강조했어. 그녀는 학교를 세워 인도네시아인들의 민족 의식을 일깨우는 데 헌신했지.

▲ 카르티니

오스만 제국의 쇠퇴

16세기 이래 오스만 제국은 아시아, 아프리카, 유럽에 걸친 대제국을 건설하고, 동서 교통의 요지를 차지하여 중계 무역으로 번영을 누렸어. 그러나 18세기 말 이후로는 서양 열강의 간섭과 침략에 끊임없이 시달렸지. 더욱이 튀르크족의 지배에 반대하는 제국 내 여러 민족의 독립 운동이 자주 일어나 위기를 맞이했어.

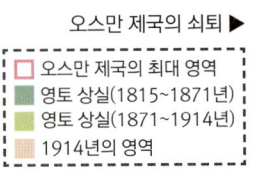
범게르만주의는 독일을 중심으로 모든 게르만족이 뭉쳐서 세계를 제패하려는 사상을 말해.

　19세기 이후 독일이 범게르만주의를 앞세워 오스만 제국의 영토를 침입해 오자 아프리카와 인도를 잇는 지배권을 확립하고자 했던 영국과 충돌하고 말아. 그리고 러시아가 남쪽으로 내려오는 정책을 펴면서 서아시아 지역으로 진출해 오자 이에 맞서 영국과 프랑스가 적극적으로 대응하는 등, 오스만 제국을 둘러싼 열강들의 대립은 더욱 격화되었지.

　오스만 제국의 쇠퇴는 제국 아래 있던 여러 민족의 독립 운동을 촉발시켰어. 발칸반도에서 그리스가 독립을 시도하였고, 이집트와 아랍 세계의 민족 운동도 일어났지. 이러한 위기를 해결하기 위해 오스만 제국은 서양 열강과 평화 협정을 맺기도 하고, 신식 군대를 만들기도 하고, 서양의 정치 제도를 도입하는 등 개혁을 시도했어. 그러나 러시아 등 서양 강대국들의 압력으로 별다른 효과를 거두지 못했어.

오스만 제국의 쇠퇴 ▶

오스만 제국의 근대적 개혁

오스만 제국은 한때 유럽을 공포에 떨게 했지만 18세기에 들어와서는 '유럽의 환자'라는 소리를 들을 정도로 국력이 약화되었어. 당시 오스만 제국은 유럽 국가가 자신들보다 우월한 것은 무기와 군사 제도, 과학 기술 때문이라고 생각했지. 그래서 유럽과 같은 방식으로 무기를 만들고 군사 제도를 개편하며, 과학 기술도 도입하면 유럽만큼 강한 군사력을 가질 수 있다고 믿었어. 1789년 술탄으로 즉위한 셀림 3세는 군대와 정부 기구의 개편 등 여러 분야에서 개혁을 추진해 나갔어. 하지만 보수 세력의 반발로 중단되고 말았지.

이후 술탄이 된 마흐무드 2세가 다시 유럽 방식의 군사 제도로 개혁을 시작했어. 그리고 반대 세력의 반발도 철저하게 진압했지. 이어 프로이센 장교단을 수도 이스탄불로 초빙하여 새로 편성한 군대의 군사 교육을 맡겼으며 장교들을 영국으로 유학 보내 선진 군사 기술을 배워 오게 했지.

이러한 개혁 정책은 그의 두 아들인 술탄 압둘 메지드와 술탄 압둘 아지즈가 계승하여 계속 추진했어. 그리고 1839년 술탄 압둘 메지드는 관료와 종교 지도자, 외교 사절 들이 참석한 가운데 근대적인 개혁을 추진하겠다는 칙령을 발표했어. 서양의 제도와 문물을 수용하고, 술탄의 권리를 강화시켜 나라를 근대적으로 개혁하겠다는 조치였는데 이를 '탄지마트'라고 해.

▲ 압둘 메지드

그러나 이러한 개혁은 특권의 상실과 이슬람 정신이 해이해지는 것을 두려워한 보수 세력의 반발과 서구 열강의 방해로 큰 성과를 거두지 못했어. 이후 러시아와의 전쟁에서 패배하자 오스만 제국의 위기감은 더욱 커졌지.

술탄은 의회를 해산하고 전제 정치로 되돌아갔어. 그러자 청년 장교와 지식인 들은 청년 튀르크당을 만들고 혁명을 일으켰지. 이들은 술탄을 폐위하고 권력을 잡은 뒤 입헌 정치를 부활시켰어. 하지만 여러 민족의 독립 운동은 끊이지 않았고, 열강의 침략은 더욱 심해졌단다.

▶ 청년 튀르크당이 혁명을 통해 전제 정치를 끊어내는 것을 상징적으로 표현한 그림

탄지마트

탄지마트는 술탄에 의해 실시되는 은혜로운 개혁이라는 뜻으로, 행정과 법률 등을 서구식으로 개혁하려는 것이었어.
1839년에 발표된 탄지마트 칙령의 주요 내용은 아래와 같았어.

- 술탄의 권한 일부를 의회에 넘기고, 의회는 술탄의 승인을 얻어서 법을 제정한다.
- 모든 백성의 생명, 명예, 재산을 법으로 보장한다.
- 조세 징수에 관한 원칙을 마련한다.
- 군대의 징집에 대한 정식 규정 및 근무 기간을 설정한다.

◀ 탄지마트 칙령 발표를 그린 그림

📖 세계사가 한눈에 쏙!

01 영국은 동인도 회사를 앞세워 인도의 동북 지방을 장악한 뒤 인도의 향신료 무역을 독점했다. 프랑스가 인도에 침입하자 두 나라는 인도의 벵골 지방을 둘러싸고 플라시에서 전투를 벌였다. 이 전투에서 영국이 승리하여 인도의 무역을 독점하기 시작했다.

02 인도 전역을 차지한 영국은 경제적 착취를 시작했다. 그러자 이에 반발하여 세포이 항쟁이 일어났다. 세포이 항쟁은 인도 최초의 대규모 민족 운동이라는 의의를 가진다.

03 영국이 인도에 대한 지배를 강화하자 인도 사람들은 근대화의 필요성을 느꼈다. 인도인들의 민족 운동이 확대되자 영국은 관료와 지식인 들을 회유하여 인도에 대한 식민지 지배를 원활히 하고자 했다.

04 태국을 제외한 동남아시아 전역이 유럽 열강의 식민지가 되자 이에 맞서 반식민지 투쟁과 민족 운동이 전개되었다.

05 동서 교통의 요지를 차지하고 번영을 누렸던 오스만 제국은 18세기 말 이후 서양 열강의 간섭과 침략에 끊임없이 시달리게 되었다. 이로 인해 영토를 잃는 등 국력이 약화된 오스만 제국은 근대적 개혁을 추진한다. 하지만 서구 열강의 방해로 큰 성과를 거두지 못했다.

2장
제1차 세계 대전

| 제1차 세계 대전의 배경
| 제1차 세계 대전의 시작
| 제1차 세계 대전의 전개
| 제1차 세계 대전의 종결
| 제1차 세계 대전의 특징

1914년 6월 28일, 발칸반도에 자리 잡은 보스니아의 수도 사라예보에서 총성과 비명이 동시에 울려 퍼졌어. 이른바 '사라예보 사건'이 발생한 역사적인 순간이었지. 오스트리아·헝가리 제국의 황태자 부부가 세르비아계 청년이 쏜 총탄에 목숨을 잃고 만 거야. 당시 발칸반도의 여러 민족은 오스만 제국의 지배에서 막 벗어난 상태였어. 따라서 저마다 더 많은 땅을 차지하려고 호시탐탐 기회를 노리고 있었지. 그런 곳에서 사라예보 사건이 터졌으니 어떻게 되었겠니? 발칸반도는 곧 전쟁터로 변했어. 몇 개월이면 끝날 줄 알았던 전쟁은 4년여 동안 이어졌지. 유럽의 강대국들까지 끼어들었기 때문이야. 유럽 전체가 쑥대밭으로 변했고 3000여 만 명이 다치거나 목숨을 잃었어. 누군가는 이 전쟁을 가리켜 '모든 전쟁을 끝내는 전쟁'이라고 했어. 이것이 바로 제1차 세계 대전이야.

이번 장에서는 제1차 세계 대전의 시작부터 종결까지를 살펴보자.

▼ 제1차 세계 대전 때
참호를 파고 대치하는 군인들

제1차 세계 대전의 배경

1905년, 독일의 거대한 군함이 북아프리카에 자리 잡은 모로코의 탕헤르항에 도착했어. 잠시 뒤 독일 황제인 빌헬름 2세가 근엄한 표정을 지으며 모습을 드러냈지. 탕헤르항에서 기다리고 있던 모로코 관료들은 빌헬름 2세를 열렬히 환영했어.

빌헬름 2세는 그곳에서 깜짝 놀랄 만한 연설을 했어.

"모로코는 독립 국가이다. 독일은 모로코를 보호하겠다."

▲ 빌헬름 2세

모로코 정부와 국민들은 두 팔 벌려 환영했어. 그러나 프랑스는 몹시 불쾌해했어. 당시 모로코는 프랑스의 지배를 받고 있었거든. 말하자면 독일이 프랑스가 하던 일에 끼어든 꼴이었지. 독일은 왜 모로코의 독립을 지지했을까?

당시 유럽 열강은 식민지의 자원과 노동력을 착취하여 세력을 키워 가고 있었어. 반면에 독일은 영국이나 프랑스에 비해 식민지가 변변치 않았어. 식민지 경쟁에 뒤늦게 뛰어들었기 때문이야. 독일은 무엇보다 영국을 부러워했어. 영국은 '해가 지지 않는 나라'라고 불릴 정도로 세계 곳곳에 식민지를 갖고 있었거든. 독일은 영국처럼 강력한 해군을 조직한 뒤 식민지로 삼을 만한 곳을 찾아봤어. 때마

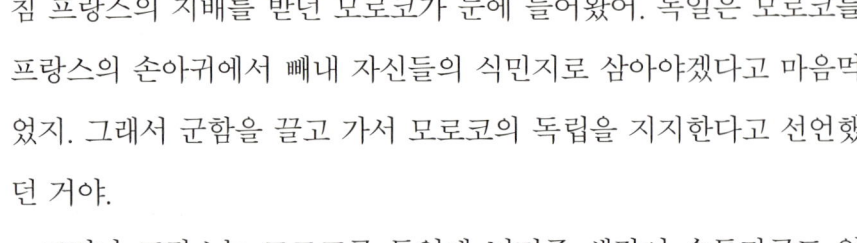

빌헬름 2세가 모로코의 독립을 지지한다고 밝혔던 이 사건을 일컬어 '모로코 사건'이라고 한단다.

침 프랑스의 지배를 받던 모로코가 눈에 들어왔어. 독일은 모로코를 프랑스의 손아귀에서 빼내 자신들의 식민지로 삼아야겠다고 마음먹었지. 그래서 군함을 끌고 가서 모로코의 독립을 지지한다고 선언했던 거야.

그러나 프랑스는 모로코를 독일에 넘겨줄 생각이 손톱만큼도 없었어. 여러 나라가 자기편을 들어줄 거라고 믿은 독일은 국제회의를 요구했지. 그래서 1906년 에스파냐에서 회의가 열렸어. 모로코 문제를 해결하기 위해 유럽의 강대국들이 모였지. 그런데 회의는 독일의 기대와 다른 방향으로 흘러갔어. 우선 영국이 적대적 관계였던 프랑스를 적극적으로 지지하고 나섰어. 게다가 러시아도 프랑스 편으로 돌아섰단다. 오스트리아·헝가리 제국만 빼고는 전부 프랑스의 편을 든 거지. 결국 모로코는 프랑스에 넘어가고 말았어.

빌헬름 2세의 예상과는 다르게 영국이 독일을 지지하지 않았던 이유는 날로 강력해지는 독일의 군사력 때문이었어. 아무래도 불안해진 영국은 프랑스와 협상을 맺은 지 얼마 지나지 않아 러시아와도 손을 잡았어. 독일의 팽창을 막기 위해 세 나라가 똘똘 뭉친 셈이었지. 이를 '삼국 협상'

▲ 독일의 팽창을 막기 위해 뭉친 영국-프랑스-러시아의 협상을 비유한 그림

이라고 부른단다.

　그렇다면 이제 독일만 외톨이가 된 것이 아니냐고? 천만의 말씀. 독일에는 '삼국 동맹'이 있었어. 1882년에 독일과 오스트리아·헝가리 제국, 이탈리아가 맺은 동맹이었지. 셋 중 한 나라가 프랑스의 공격을 받으면 나머지 두 나라가 군대를 동원해 도와주자는 약속이었어. 이런 배경 때문에 1900년대 초 유럽에서는 삼국 협상과 삼국 동맹이 팽팽하게 대립하였단다. 이는 다시 말해서 어느 한 나라에서 전쟁이 일어나면 나머지 나라들도 저절로 전쟁에 참여하게 된다는 의미이기도 했지.

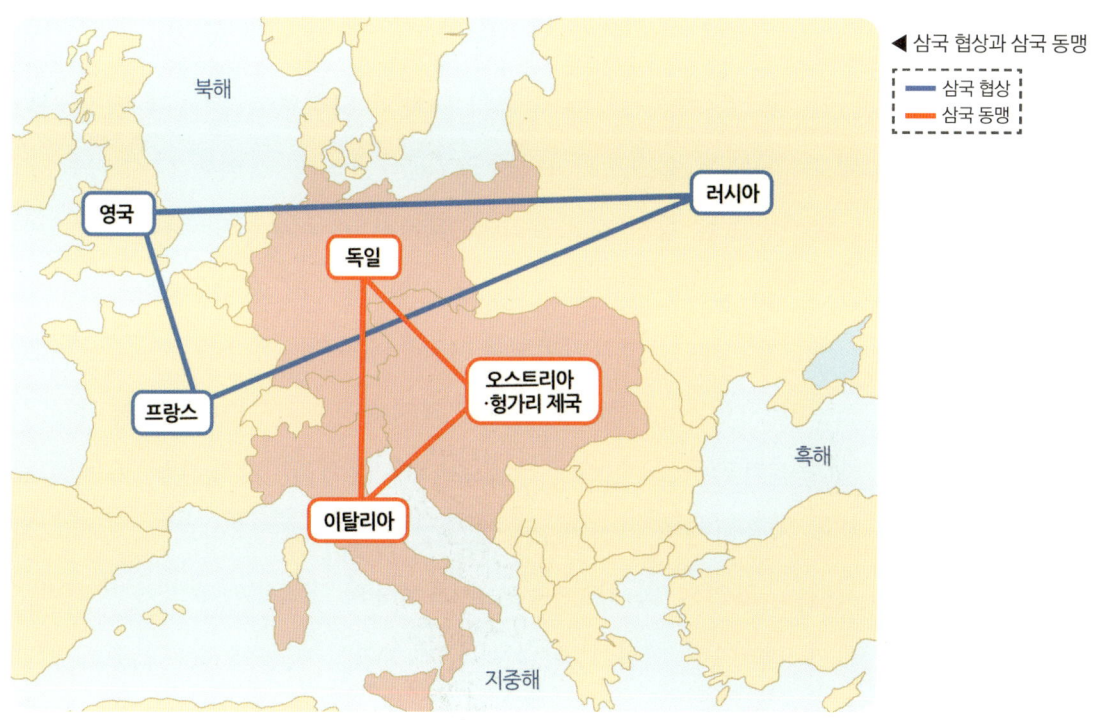

◀ 삼국 협상과 삼국 동맹
― 삼국 협상
― 삼국 동맹

한편 유럽 대륙의 동남쪽에 자리 잡은 발칸반도는 전쟁의 불씨를 품고 있는 곳이었어. 수백 년 동안 오스만 제국의 지배를 받던 소수 민족들이 하나둘 독립하는 과정에서 자주 다투었거든. 저마다 땅을 더 많이 차지하려고 욕심을 부렸기 때문이야. 그중 세르비아가 발칸반도의 강자로 떠올랐어. 세르비아는 발칸반도를 하나로 통일하려는 야망이 있었지. 그런데 세르비아 앞에 커다란 장애물이 나타났어. 발칸반도와 맞닿은 곳에 자리 잡은 오스트리아·헝가리 제국이었어.

오스트리아·헝가리 제국은 발칸반도의 보스니아를 점령했어. 보스니아에는 세르비아와 마찬가지로 슬라브족이 살고 있었어. 세르비아 입장에서는 자신들과 같은 슬라브족이 게르만족인 오스트리아·헝가리 제국의 지배를 받는 것으로 보였지. 게다가 오스트리아·헝가리 제국은 차츰 세르비아까지 넘보기 시작했어. 그렇게 되고 나니 세르비아에서 오스트리아·헝가리 제국에 대한 불만이 터져 나왔어.

발칸반도를 향한 오스트리아·헝가리 제국의 야망 뒤에는 독일이 자리 잡고 있었어. 독일은 오스트리아·헝가리 제국을 발판 삼아 발칸반도를 지배할 생각이었지. 그래서 범게르만주의를 부르짖으며 오스트리아·헝가리 제국의 계획을 지지했어. 세르비아 입장에서는 같은 슬라브족인 러시아에 기댈 수밖에 없게 된 거지. 러시아는 유럽으로 진출하려면 발칸반도가 필요했으므로 세르비아의 보호자를 자처했어. 독일의 범게르만주의와 러시아의 범슬라브주의가 발칸반도에서 맞닥뜨린 셈이야. 이런 복잡한 상황들 때문에 발칸반도는 언제

1867년에 오스트리아의 황제와 헝가리의 귀족들 사이에 대타협이 이뤄져 오스트리아·헝가리 제국이 탄생했어. 오스트리아 황제가 두 나라의 대표를 맡되 외교와 군사에 있어서는 두 나라가 힘을 합치는 방식으로 다스렸지.

범슬라브주의는 유럽 각지에 흩어진 슬라브족은 같은 민족이므로 함께 뭉쳐야 한다는 주의야.

어떻게 터질지 모르는 '유럽의 화약고'가 되었단다.

제1차 세계 대전의 시작

세르비아의 비밀 결사단은 오스트리아·헝가리 제국의 황태자 부부가 보스니아의 수도 사라예보를 방문한다는 소식에 속으로 쾌재를 불렀어. 앞서 말했듯 슬라브족으로 구성된 보스니아는 오스트리아·헝가리 제국의 지배를 받고 있었거든. 같은 슬라브족인 세르비아 사람들에게는 분통이 터지는 일이었지. 그뿐만 아니라 오스트리아·헝가리 제국은 세르비아의 일에 대해서도 사사건건 간섭하려고 들었어. 세르비아의 비밀 결사단은 황태자 부부를 암살하여 오스트리아·헝가리 제국에 본때를 보여 주기로 했지.

"6월 28일에 황태자 부부의 자동차에 폭탄을 던지기로 했다. 누가 이 임무를 맡을 텐가?"

일곱 명의 청년들이 곧바로 손을 들었어.

1914년 6월 28일, 비밀 결사단은 보스니아 군중 사이에 숨어 때를 기다렸어. 마침내 황태자 부부의 자동차가 지나가자 비밀 결사단 중 한 명이 폭탄을 던졌어. 그런데 폭탄은 목표물을 빗나가 자동차의 뒤꽁무니에 떨어졌어. 뒤따르던 일행만 다쳤을 뿐 황태자 부부는 무사했지. 폭탄을 던진 청년은 그 자리에서 체포되어 끌려갔어. 나머지 청년들은 모두 뿔뿔이 흩어졌지.

비밀 결사단원인 청년 가브릴로 프린시프 역시 그 자리를 피한 뒤

▲ 사라예보 사건을 묘사한 그림

혼자 거리를 걷고 있었어. 그런데 이게 웬일이야? 황태자 부부를 태운 자동차가 눈앞에 다시 나타난 거야. 프린시프는 재빨리 권총을 꺼내 황태자 부부를 겨냥했어. 탕! 탕! 경호하던 군인들이 소리를 지르며 달려갔지만 황태자 부부는 결국 숨을 거뒀지.

오스트리아·헝가리 제국은 세르비아 정부에 책임을 물었어.

프린시프는 살인을 저질렀지만 당시 미성년자였기에 징역 20년 형을 선고받았어. 하지만 25세에 감옥에서 폐결핵으로 사망했대.

▼ 체포되는 프린시프

"이 사건은 세르비아의 비밀 결사단이 꾸민 짓이오. 거기다 세르비아 정부가 사건에 사용된 폭탄과 권총을 지급했다는 자백도 나왔소."

세르비아 정부는 강하게 부인했어.

"비밀 결사단이 단독으로 저지른 짓입니다. 우리 정부는 이번 사건과 아무런 관계가 없습니다."

세르비아 정부가 사라예보 사건과 관련된 인물들을 철저히 수색하여 체포했지만 오스트리아·헝가리 제국은 여기에 만족하지 않았어.

"우리가 세르비아에 직접 조사관을 보내 이번 사건을 조사하겠소. 아울러 오스트리아·헝가리 제국을 반대하는 단체는 모두 해산시키시오. 또한 우리가 지목하는 세르비아 관리는 무조건 파면해야 하오. 48시간 내에 답을 내놓지 않으면 전쟁을 선포하겠소."

오스트리아·헝가리 제국의 태도는 꽤 위압적이었어. 세르비아는 사라예보 사건을 수습하기 위해 노력했는데 전쟁을 선포하겠다니! 오스트리아·헝가리 제국이 이처럼 큰소리를 칠 수 있었던 것은 믿는 구석이 있어서였어. 바로 독일이었단다. 독일의 빌헬름 2세에게서 무조건 도와주겠다는 약속을 받았거든.

세르비아 정부는 고민 끝에 오스트리아·헝가리 제국의 요구를 거절했어. 계속 무리한 요구를 받아들였다가는 오스트리아·헝가리 제국이 세르비아를 쥐락펴락하려고 들 것 같았거든. 오스트리아·헝가리 제국은 기다렸다는 듯이 세르비아에 선전 포고를 했어. 사라예보 사건이 일어난 지 딱 한 달 만이었지. 다급해진 세르비아는 같은 슬라브족 국가인 러시아에 도움을 청했어. 러시아는 즉각 오스트리아·헝가리 제국에 전쟁을 선포했어. 그러자 독일이 러시아뿐만 아니라 러시아와 동맹 관계인 프랑스에도 선전 포고를 했지.

독일의 전략은 속전속결이었어. 빌헬름 2세는 독일 군인들을 향해 자신 있게 말했어.

"우리는 나뭇잎이 떨어지기 전에 고향으로 돌아올 것이다."

독일은 벨기에를 통과하여 프랑스로 진격할 계획이었어. 프랑스군의 대부분은 프랑스와 독일 국경에 몰려 있었거든. 그래서 독일은 벨기에를 거쳐 프랑스로 들어가는 편이 더 낫다고 판단했던 거야.

"우리는 프랑스 국경선으로 갈 생각이오. 그러니 독일군이 지나가도록 협조해 주시오."

당시 중립국이었던 벨기에가 독일의 요구를 거부했어. 마음이 급했던 독일군은 다짜고짜 벨기에를 침공해 버렸어. 그러자 이번에는

▶ 제1차 세계 대전 당시 유럽의 주요 참전국

동맹국 연합국 중립국

영국이 독일을 비난하며 전쟁에 뛰어들었지. 결국 발칸반도의 싸움은 삼국 협상과 삼국 동맹 간의 대결로 번지고 말았어. 러시아와 프랑스와 영국 등으로 이뤄진 연합군, 그리고 독일과 오스트리아·헝가리 제국과 이탈리아의 동맹군이 전쟁을 벌이기 시작했다는 뜻이야.

오스트리아·헝가리 제국의 황태자를 죽인 총알이 제1차 세계 대전을 일으켰다고? 물론 그렇게 이야기할 수도 있어. 그러나 전쟁의 진짜 원인은 따로 있었어. 당시 유럽의 여러 나라는 식민지와 국경 문제로 갈등이 극에 달한 상태였어. 전쟁은 시간문제였지. 사라예보 사건은 각 나라가 전쟁을 일으킬 수 있었던 기막힌 핑계였을 뿐이야.

후에 이탈리아가 동맹군에서 탈퇴하면서 삼국 동맹은 파기돼.

역사 속 재미 쏙

사라예보에서 세상을 뜬 프란츠 페르디난트

오스트리아·헝가리 제국의 루돌프 황태자가 갑자기 세상을 떠나는 바람에 황제의 조카인 프란츠 페르디난트가 황태자 자리에 올랐어. 황태자가 된 페르디난트는 프리드리히 공작의 집을 자주 방문했어. 사람들은 황태자가 공작의 딸들 중 한 명과 결혼할 줄 알았어. 그런데 황태자는 공작의 딸이 아니라 보잘것없는 귀족 가문의 딸 조피를 아내로 선택했어. 황실은 발칵 뒤집혔지. 그러나 황태자가 끝까지 고집을 꺾지 않자 황실은 조피와의 결혼을 허락하는 대신 몇 가지 조건을 내걸었단다. 두 사람의 자녀는 황족이 될 수 없고, 조피의 서열은 궁중에서 가장 아래라는 조건이었어. 무엇보다 조피는 공식 석상에서 황태자 곁에 설 수 없었어. 조피의 처지를 안타깝게 여기던 황태자는 사라예보 행사에 굳이 조피를 동행시켰어. 그렇게라도 해서 조피의 위신을 세워 주고 싶었거든. 황태자 부부가 한날한시에 세상을 떠났던 데에는 이런 이유가 있었던 거야.

▲ 페르디난트

제1차 세계 대전의 전개

독일의 참모 총장인 알프레트 폰 슐리펜은 1905년 프랑스와 러시아를 공격할 작전을 세워 두었어.

"러시아군이 독일의 동부 전선까지 내려오려면 최소한 42일이라는 시간이 걸린다. 그러니 서부 전선에 병력을 먼저 투입하여 프랑스를 빨리 점령해야 한다. 그 뒤에 모든 병력을 동부 전선으로 보내서 러시아를 물리치면 된다."

1914년 8월, 독일은 슐리펜의 작전에 따라 벨기에를 먼저 침공한 뒤 프랑스 국경선으로 빠르게 이동했어. 전쟁을 시작하고 한 달쯤 지나자 독일군은 파리에서 불과 50킬로미터 정도 떨어진 곳까지 치고 들어갔지. 아무런 준비를 하지 못한 프랑스군은 계속 밀려 나기만 했어. 독일의 프랑스 점령은 머지않아 실현되는 듯 했지. 그러나 러시아군이 생각보다 빠르게 동부 전선에 도착했어. 독일군 중 상당수가 러시아군을 막기 위해 동부 전선으로 갈 수밖에 없었단다. 프랑스는 이때가 기회라고 생각해 독일군에 강하게 대항했어. 독일군은 파리 점령을 포기한 채 후퇴해야만 했어. '나뭇잎이 지기 전에 전쟁을 끝내겠다.'라던 빌헬름 2세의 약속은 지켜지지 못했지.

독일이 러시아와 프랑스에 선전 포고를 했을 때 독일 국민들은 광장에 모여 환호성을 질

▲ 슐리펜

렸어. 수많은 독일 청년들은 승리를 자신하며 전쟁터로 나아갔지. 그건 독일뿐만이 아니었어. 러시아와 프랑스의 청년들 역시 전쟁에서 이길 자신이 있었지. 몇 달만 고생하고 나면 전쟁 영웅이 되어 집으로 돌아와 크리스마스를 보낼 것이라고 예상했단다. 그러나 전쟁은 쉽게 끝나지 않았어. 전쟁의 규모가 점점 더 커졌기 때문이야.

전쟁은 삼국 동맹과 삼국 협상의 대결을 벗어나 전 세계로 확산되었어. 그리스와 포르투갈에 이어 일본과 중국 역시 영국을 지지하며 독일에 선전 포고를 한 거야. 인도도 영국을 돕겠다며 80만 명 이상의 병력을 유럽과 중동으로 보냈지. 전쟁이 일어난 지 1년쯤 지났을 때 이탈리아가 삼국 동맹에서 빠지고 연합국에 가담했어. 이탈리아와는 반대로 불가리아가 독일의 편에 섰고, 오스만 제국도 독일과 손을 잡았어. 급기야 전쟁과 직간접적으로 관련된 나라가 35개국으로 늘어났어.

발칸반도에서 1913년 일어난 전쟁으로 불가리아는 마케도니아 지방 대부분을 세르비아에 빼앗겼어. 이 때문에 그들은 세르비아를 크게 원망했고 러시아와의 사이도 멀어졌지.

전투는 육지뿐만 아니라 바다에서도 치열하게 펼쳐졌어. 우수한 해군력을 자랑하던 영국은 전투함을 동원하여 독일의 앞바다를 가로막았어. 독일이 전쟁에 필요한 물자를 들여올 길을 막은 셈이었지. 독일은 자체 개발한 잠수함 'U보트'를 투입하며 무제한 잠수함 작전을 시행했어. U보트는 소리 없이 물속에 숨어 있다가 영국의 전투함이 나타나면 어뢰를 쏘아 폭파시켰어.

문제는 U보트가 상업용 선박인 상선까지 무차별적으로 공격했다는 거야. 영국으로 전쟁 물자가 들어가는 것을 막기 위해서였지. 심

어뢰란 물고기 모양으로 생긴 무기로, 주로 커다란 함선을 공격할 때 사용해.

독일이 차지한 바닷길에 들어오는 모든 선박을 무조건 잠수함으로 공격한 이 작전을 '무제한 잠수함 작전'이라고 해.

지어 일반인이 탄 여객선까지 공격했단다. 여객선에 전쟁 물자가 실려 있다고 판단했기 때문이야. 1915년에는 영국 여객선 루시타니아호가 U보트의 어뢰 공격을 받고 가라앉는 일도 있었지. 여객선에 타고 있던 승객 약 1,200명이 목숨을 잃었는데, 그중 120명가량이 미국인이었어.

그동안 미국 정부는 먼로 선언에 따라 제1차 세계 대전에서 중립을 선언한 상태였어. 그런데 미국인이 목숨을 잃는 루시타니아호 사건이 발생하자 미국에서도 전쟁에 나서야 한다는 목소리가 커지기 시작했단다.

미국의 우드로 윌슨 대통령은 독일에 경고했어.

"상선과 여객선에 대한 공격을 즉각 중단하지 않으면 미국도 참전할 것이다."

독일은 잠수함의 무차별적인 공격을 중단하겠다고 선언했어. 미국까지 참전하면 독일이 승리하기 어렵다는 것을 잘 알고 있었기 때

▼ 독일의 잠수함 U보트

문이지. 윌슨 대통령은 전쟁을 반대하는 입장이었으므로 그 정도에서 일을 매듭짓고 참전을 보류했어. 미국이 함께하기를 기대했던 연합국은 무척 실망했단다. 그리고 다시 연합국과 동맹국은 엎치락뒤치락하며 팽팽한 싸움을 이어 갔어.

역사 속 상식 쏙

솜강 전투 부상자 구호소

1916년 제1차 세계 대전 당시 프랑스의 솜강에서 벌어진 솜강 전투 부상자 구호소에 있던 존 워커 신부는 그때의 상황을 다음과 같이 기록했어.

▲ 솜강 전투의 영국군 부상자들

> 7월 1일 토요일. 부상자들을 말 그대로 쌓아 놓을 수밖에 없었다. 침대는커녕 천막이건 헛간이건 바닥에 누울 자리라도 얻으면 그나마 다행이다. 이미 1,500명의 부상자로 가득한 구호소에 새로운 부상자들이 밀려들고 있다. 들것 하나에 다가가 환자의 이마를 만져 보니 싸늘하다. 7월 2일. 가장 서글픈 장소는 중환자 병동이다. 두 개의 커다란 천막에 죽어 가는 장교와 사병들이 가득하다. 이미 포기한 병동인데 당사자들은 알지 못한다. 7월 3일. 이젠 전쟁의 참혹함을 좀 알 것 같다. 하루에 1,000명씩 중상자가 나오는 판이다. 아, 끔찍한 부상자들로 가득한 우리 병동과 천막과 헛간을 보여 주고 싶다. 가슴에 관통상을 입고 죽어 가는 사람들이 줄지어 누워 있는 모습을 보여 주고 싶다. 넓적다리뼈가 부서진 부상병들이 걸어 다닌다.

이렇게 처참한 상황을 낳은 솜강 전투는 12월까지 계속되었어.

제1차 세계 대전의 종결

1917년에 미국이 돌연 독일에 선전 포고를 했어. 루시타니아호의 침몰로 수많은 미국인들이 목숨을 잃었을 때에도 전쟁에 끼어들지 않았던 미국이 왜 그런 결정을 내렸을까? 바로 독일의 아르투어 치머만 외무 장관이 멕시코 주재 독일 대사에게 보낸 전보 때문이었어.

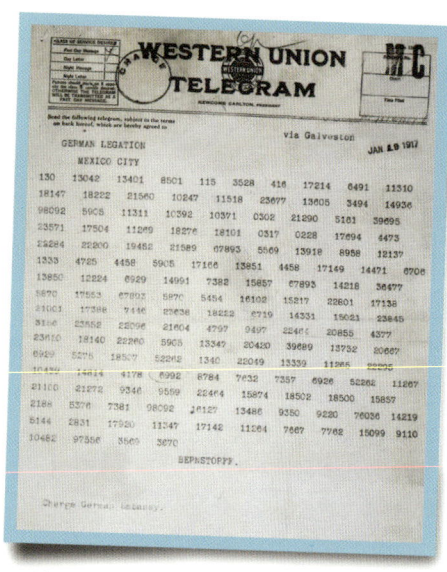
▲ 치머만이 보낸 암호 전보

멕시코가 미국을 침공해 준다면 독일에서 전쟁에 필요한 모든 물자를 지원하겠음. 과거 멕시코가 미국에 빼앗겼던 텍사스와 뉴멕시코, 애리조나를 되찾는 데에도 적극 협조하겠음.

독일은 왜 이런 전보를 멕시코에 보냈을까? 당시 독일은 영국이 바닷길을 막는 바람에 궁지에 몰린 상황이었어. 전쟁 물자뿐만 아니라 식량까지 들여올 수 없으니 굶어 죽는 사람들도 생겨났지. 독일은 무제한 잠수함 작전을 다시 펼칠 수밖에 없었어. 그러다 보니 미국이 참전할까 봐 걱정되었던 거야.

이리저리 머리를 굴리던 독일은 좋은 수가 떠올랐어.

'미국과 멕시코가 전쟁을 벌이도록 만들자. 그렇게만 된다면 미국이 유럽의 전쟁에 끼어들 일은 없을 거야.'

그래서 치머만이 멕시코에 전보를 보낸 거야. 그게 미국에 알려질 줄은 꿈에도 모른 채 말이지. 미국인들은 독일의 치졸한 행동에 분노했어. 독일을 가만두어서는 안 된다는 목소리는 더 높아져만 갔어.

1917년 4월 미국의 윌슨 대통령은 참전을 선언했어.

"미국은 오로지 민주 국가를 보호하기 위해 참전하는 것입니다."

미국의 참전을 간절히 바랐던 연합국은 두 팔을 벌려 환영했어. 강대국인 미국이 참전하면 동맹국은 꼼짝 못 할 것이라고 생각했지. 그런데 이럴 수가! 러시아가 갑자기 연합군에서 탈퇴하고 독일과 강화 조약을 맺은 거야. 러시아 혁명으로 새롭게 들어선 정부가 이 전쟁에서 손을 뗀 거지. 독일은 이제 러시아와 맞서 싸울 필요가 없어졌어. 동부 전선의 독일 병력은 서부 전선으로 가서 프랑스를 공격하기 시작했지. 독일군은 파리에서 그리 멀지 않은 곳까지 진격했고 연합군은 후퇴를 거듭했어.

▲ 참전을 독려하는 미국의 포스터

그러나 1918년부터 상황은 다시 뒤집어졌어. 미국이 전쟁에 적극적으로 뛰어들기 시작했거든. 날마다 수많은 미국 병사가 프랑스에 상륙했어. 그리고 뛰어난 무기와 풍부한 군수 물자를 앞세워 독일군을 몰아붙였지. 독일은 점점 밀려나기 시작했어. 독일군뿐만이 아니었단다. 독일과 동맹을 맺은 오스트리아·헝가리 제국을 비롯해 오스만 제국과 불가리아 모두 후퇴를 거듭했어. 9월에는 불가리아가 항복했고, 연이어 오스트리아·헝가리 제국과 오스만 제국이 전쟁을 멈추겠다고 선언했어.

독일에서도 전쟁을 중단하자는 목소리가 높아졌어. 전쟁 물자뿐만 아니라 식량이 부족해서 굶주리는 국민들이 수두룩했기 때문이야. 독일의 패망이 가까워졌다는 것을 군인과 국민은 알아차렸지만 독일군 지휘부는 받아들이지 않았어. 오히려 독일의 항구 도시인 킬에 위치한 군항의 수병들에게 나가 싸울 것을 명령했지. 수병들은 어차피 전투에 나서 봤자 헛되이 죽을 거라 생각했어. 그래서 명령을 거부하고 반란을 일으켰지. 여기에 노동자까지 합세하고 나니 반란의 규모는 점점 커져 갔어.

독일의 황제 빌헬름 2세는 반란 소식을 듣고 노발대발했어.

"당장 모든 사령관에게 연락하여 모두 잡아들이도록 하라!"

황제의 명령에 이런 대답이 돌아왔어.

"대부분의 사령관들이 반란에 가담했다고 합니다."

빌헬름 2세는 결국 황제 전용 열차를 타고 네덜란드로 망명했어. 황제를 따르던 귀족과 장군 역시 모두 외국으로 도망쳤지.

황제가 자리에서 물러난 뒤 독일에는 공화국이 수립되었어. 전쟁을 계속하는 것이 무모하다고 생각한 독일의 새 정부는 연합국에 즉

> 군항이란 군사적인 목적으로 특별한 시설을 갖춘 항구를 뜻해.

각 항복을 선언하고 종전 협정을 체결했어. 1918년 11월 11일 11시에 종전 선언이 발표되었지. 제1차 세계 대전은 마침내 끝이 났어.

4년 넘게 이어진 제1차 세계 대전은 엄청난 규모의 사상자를 낸 전쟁이었어. 희생자의 정확한 숫자를 파악하기는 어렵지만 900여 만 명의 군인들이 사망하고, 2200여 만 명의 군인들이 부상을 당했을 것으로 추정되고 있어. 거기에 민간인 피해자까지 합치면 피해자의 수는 더욱 늘어나겠지.

종전 협정에 따라 독일은 점령한 영토를 모두 포기했어. 아울러 군대를 라인강 서쪽으로 철수하고 모든 요새를 철거하는 데에 동의했지.

▼ 제1차 세계 대전 종료 뒤 프랑스군의 승리 기념 행진

제1차 세계 대전의 특징

이전의 전쟁과 비교해 보면 제1차 세계 대전은 달라도 너무 달랐어. 그중 하나는 서부 전선에서 벌어진 '참호전'이었어. 기관총과 대포의 성능이 워낙 강력해서 병사들은 섣불리 전진할 수 없었어. 적의 총알을 피하기 위해서 병사들은 땅을 파서 기다랗게 참호를 만들었어. 그러고는 그곳에 몸을 숨기고 적을 향해 총과 대포를 쏘아 댔지. 전쟁 내내 상대의 참호를 빼앗기 위한 전투가 치열하게 진행되었어.

1916년에 프랑스 베르됭에서 10개월 동안 병사 60만 명가량이 목숨을 잃고, 솜강 전투로 4개월 만에 100만여 명의 사상자가 발생한 이유도 참호전 때문이었어. 전투는 몇 개월 동안 같은 자리에서 지루하게 이어졌지. 무엇보다 참호 안은 축축하고 지저분해서 병사들의 건강을 위협했어. 쥐와 벌레가 들끓다 보니 독감 같은 전염병이 쉽게 퍼져 나갔단다.

전쟁 중 참호에서는 '에스파냐 독감'이라는 전염병이 유행했어. 에스파냐 독감은 수많은 병사들의 목숨을 앗아 갔지. 전쟁이 끝난 뒤에는 전 세계로 퍼져 나갔어.

▼ 참호전을 벌이면서 제1차 세계 대전은 점점 그 기간이 길어지는 '장기전'이자, 체력과 식량이 점점 떨어져 가는 '소모전'의 모습을 띠게 되었지. 전사하거나 부상 입은 군인의 수는 너무 많아 헤아릴 수조차 없었어.

제1차 세계 대전의 또 다른 특징은 '신무기'였어. 유럽 각국의 과학자들은 전쟁을 승리로 이끌기 위해 갖가지 신무기를 개발했어. 전투기와 탱크, 잠수함 등이 새롭게 등장했지. 철갑을 두른 탱크는 적의 총알을 막아 내며 철조망을 뚫고 전진했어. 상대방을 정찰하던 전투기는 훗날 폭격을 퍼붓는 용도로 사용되었고 심지어 화학 무기인 독가스까지 등장했어. 독일이 만든 독가스는 바람을 타고 날아가서 연합군을 죽음으로 몰아넣었어. 이에 연합군은 독가스를 피하기 위해 방독면을 개발했고 당시 전쟁 물자를 수송하던 말에게도 방독면을 씌우곤 했단다.

참호전과 신무기를 잇는 또 하나의 특징은 '총력전'이었어. 연합국과 동맹국의 지도자들은 전쟁에서 승리하기 위해 가능한 모든 자원을 전쟁에 쏟아부었거든. 이렇게 한 국가의 모든 힘을 동원하는 전쟁을

◀ 제1차 세계 대전 때 개발된 방독면 보관함과 방독면

▼ 존 싱어 사전트의 그림 〈개스드〉야. 제1차 세계 대전 당시 독가스 공격으로 부상을 입은 영국 군인들이 응급 치료소로 이동하고 있는 모습을 담았어.

> 전쟁 초기에 100만 명이던 영국의 병력은 전쟁이 끝날 무렵 500만 명으로 늘어났어. 이는 영국 전체 남자의 5분의 1에 이르는 숫자였지.

총력전이라고 해. 유럽에서는 수많은 젊은이들이 전쟁터로 나가야 했어. 영국은 특히 초급 장교로 참전한 대학생들의 피해가 컸어. 영국군으로 싸운 옥스퍼드 대학생과 케임브리지 대학생 중 4분의 1이 전사했다고 해.

전선에서 영국군 병사들은 다음과 같은 노래를 불렀다는구나.

참호 속에 들어가는 건 정말 싫어.
포탄이 터지고 파편이 튀는 소리에 귀가 찢어져.
아, 난 죽고 싶지 않아. 난 집에 가고 싶어.

제1차 세계 대전에는 약 7000만 명이 참전했어. 그런데 군인들만 전쟁을 치렀던 것은 아니었어. 총력전이다 보니 민간인들도 전쟁에 참여할 수밖에 없었지. 민간인들은 공장에서 무기와 기계, 전투 식량, 전투복 등을 만들었단다. 이런 사람들의 수까지 헤아린다면 세계 인구의 절반 이상이 제1차 세계 대전에 참여한 셈이지.

전쟁이 끝난 뒤 유럽에서는 전쟁 이전과 같은 모습의 마을을 찾아 보기 어려웠어. 수많은 젊은이들이 전쟁터에서 돌아

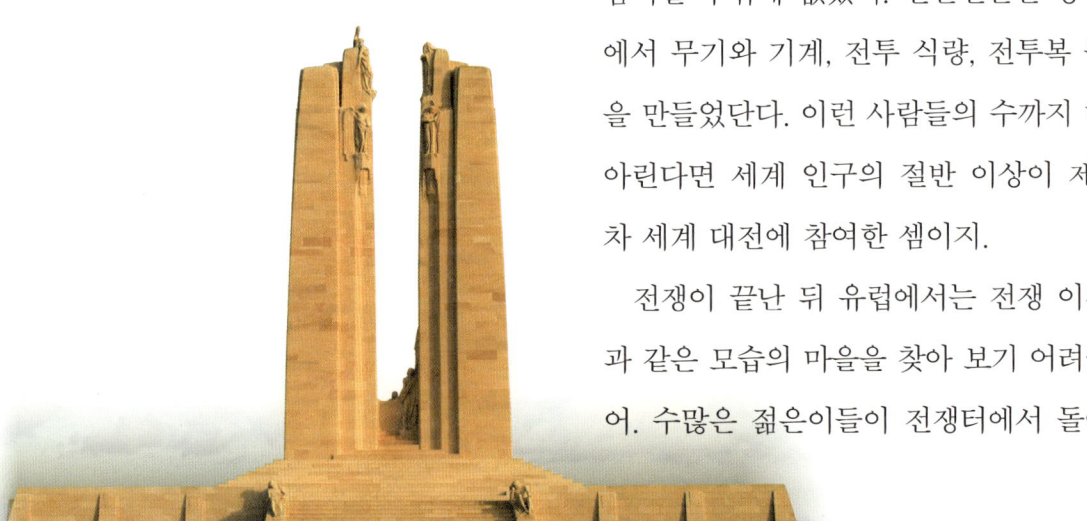

▲ 제1차 세계 대전 당시 프랑스의 비미 리지 전투에서 희생된 캐나다 군인들의 넋을 기리는 추모비

오지 못했거든. 설령 전쟁터에서 살아남았다고 하더라도 몸과 마음이 온전치 못한 경우가 많았어. 부상으로 평생 불구가 되거나 심리적인 고통을 겪었지.

전쟁으로 다른 나라를 누르고 더 많은 것을 차지하려던 유럽 각국은 오히려 많은 것을 잃고 말았지. 전쟁에 뛰어든 나라

▲ 영국 군수 공장에서 일하는 여성 노동자들

들 대부분이 전쟁 비용을 갚느라 빚더미에 올라앉았어. 이렇듯 유럽 각국은 전쟁이 끝나고 나서도 심각한 후유증에 시달려야 했단다.

이와 반대로 전쟁의 덕을 본 나라도 있었어. 바로 미국과 일본이었지. 미국은 전쟁에 필요한 물자를 유럽의 여러 나라에 팔아서 많은 돈을 벌어들였어. 빚이 많았던 미국은 전쟁 덕에 돈을 빌려주는 입장이 되었지. 일본 역시 연합군 편을 들며 중국에 주둔한 독일군을 몰아냈어. 그리고 중국과 태평양 일대에 독일이 가지고 있었던 이권을 대신 차지했단다. 이렇게 제1차 세계 대전으로 미국과 일본은 강대국으로 발돋움할 수 있었지.

📖 세계사가 한눈에 쏙!

01 19세기 후반 유럽의 강대국 사이에서는 식민지 쟁탈전이 치열했다. 독일, 오스트리아·헝가리 제국, 이탈리아는 프랑스를 견제하며 삼국 동맹을 맺었고 영국, 프랑스, 러시아는 독일의 팽창을 막기 위해 삼국 협상을 체결했다. 발칸반도에서는 세르비아와 러시아를 중심으로 범슬라브주의가 형성된 반면 독일과 오스트리아·헝가리 제국은 범게르만주의를 주장했다.

02 오스트리아·헝가리 제국은 사라예보 사건을 빌미로 세르비아를 공격했다. 세르비아와 동맹 관계인 러시아가 오스트리아·헝가리 제국에 선전 포고를 하자 독일은 러시아와 프랑스를 상대로 전쟁을 선포했다. 곧이어 영국까지 참전해 독일에 맞서면서 삼국 동맹과 삼국 협상이 충돌했다.

03 독일은 서부 전선으로 병력을 이동하여 프랑스를 빠르게 점령한 뒤 동부 전선에서 러시아와 맞붙을 작정이었다. 그러나 프랑스의 저항이 거세고 러시아가 빠르게 진격하는 바람에 계획이 틀어지고 말았다. 영국이 독일의 바닷길을 막자 독일은 무제한 잠수함 작전을 시행했다.

04 독일은 멕시코에 미국과 전쟁을 하도록 부추기는 전보를 보냈다. 미국은 이를 계기로 참전을 선언하고 연합국을 도왔다. 한편 러시아가 연합국에서 탈퇴하며 독일의 공격은 더욱 거세졌다. 그러나 미국군의 적극적인 합세로 독일의 사기는 이내 꺾이고 말았다. 동맹국들의 항복이 이어졌으며 독일 역시 1918년 11월에 연합국에 항복했다.

05 제1차 세계 대전은 참호전이었다. 과학자들은 탱크나 독가스 등 참호를 점령할 수 있는 갖가지 신무기를 개발했다. 각국의 지도자들은 전쟁에서 이기기 위해 총력전을 펼쳤다. 그러나 미국과 일본을 제외한 대부분의 나라가 전쟁 비용으로 빚더미에 올랐다.

3장
제1차 세계 대전 이후의 세계

| 파리 강화 회의
| 베르사유 조약
| 독일 바이마르 공화국
| 여성 참정권 운동

전쟁은 끝났지만 이긴 쪽이나 진 쪽이나 고통스럽기는 매한가지였어. 양쪽 모두 산업 시설이 파괴된 데다 물가까지 치솟아서 사람들은 입에 풀칠하기도 어려웠거든. 당시 유럽인들은 살아갈 길이 막막하기만 했어. 미래도 희망도 보이지 않았지. 역사상 최대의 전쟁을 치르고 난 뒤, 각국은 전쟁의 뒤처리를 위해 한자리에 모였어. 당시 미국의 대통령 우드로 윌슨이 제안한 '14개조 평화 원칙'에는 민족 자결주의 원칙이 포함되어 있었어. '각 민족은 다른 민족의 지배를 받지 않고 스스로 국가를 세워 다스릴 권리가 있다.'라는 원칙이었지.

과연 민족 자결주의 원칙은 모든 나라에 제대로 적용되었을까? 그리고 전쟁에 패배한 독일은 어떤 처벌을 받았을까? 이번 장에서 살펴보도록 하자.

▼ 파리 강화 회의에서 민족 자결주의를 제창하는 윌슨

파리 강화 회의

제1차 세계 대전이 끝난 직후인 1919년 1월에 영국, 이탈리아, 미국, 일본 등 각 나라의 대표들이 프랑스 파리로 속속 모여들었어. 미국의 우드로 윌슨 대통령도 역시 파리에 도착했어. 파리의 콩코르드 광장은 윌슨 대통령을 환영하는 수만 명의 파리 시민들로 가득했어. 파리 강화 회의의 주연은 윌슨 대통령이었거든.

파리 강화 회의에서는 윌슨 대통령이 제시한 '14개조 평화 원칙'을 바탕으로 유럽 영토와 패전국의 처리 방법을 논의하기로 했어. 윌슨의 14개조 평화 원칙은 다음과 같은 내용을 담고 있었어.

윌슨 대통령은 고립주의를 버리고 유럽 문제에 본격적으로 개입했단다.

1. 세계 각국은 모든 외교 활동을 공개적으로 한다.
2. 각국은 아무런 제한 없이 자유롭게 바다를 오갈 수 있어야 한다.
3. 모든 국가는 같은 조건으로 교역해야 한다.
4. 자기 나라를 지킬 최소한의 수준으로 군비를 줄여야 한다.
5. 식민지 문제는 공정하게 처리되어야 한다.
6. 유럽 각국은 러시아 문제에 관여하지 않는다.
7~13. 여러 민족이 자기 민족의 일을 직접 결정할 수 있도록 자치와 독립을 지원하고 국경을 조정한다.
14. 모든 국가의 독립과 영토 보존을 위해 모든 국가가 참여하는 '국제 연맹'을 만든다.

▲ 윌슨

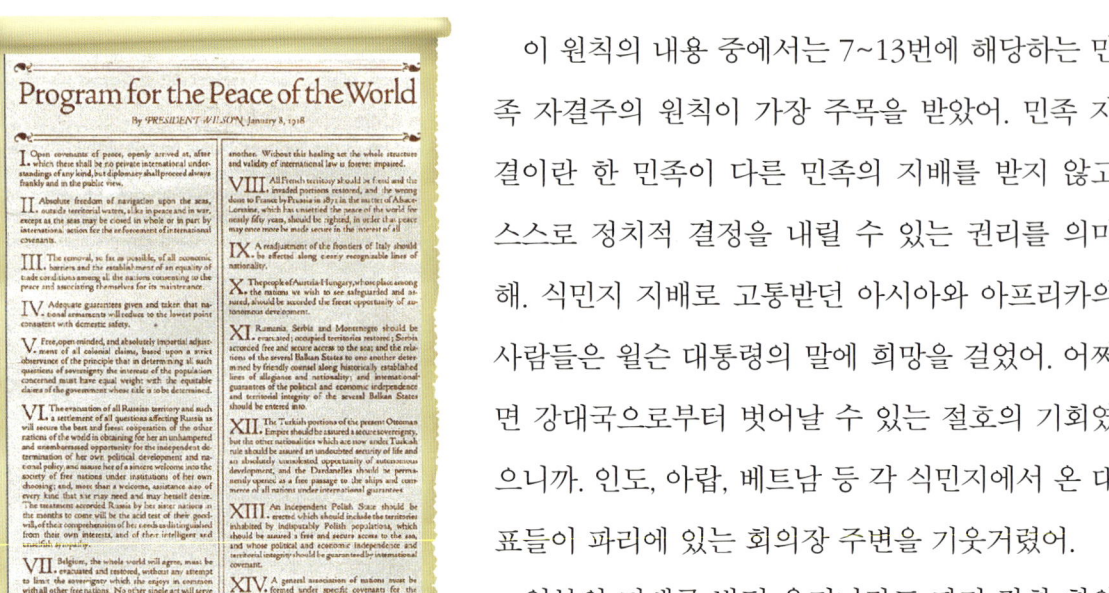

▲ 윌슨의 14개조 평화 원칙

이 원칙의 내용 중에서는 7~13번에 해당하는 민족 자결주의 원칙이 가장 주목을 받았어. 민족 자결이란 한 민족이 다른 민족의 지배를 받지 않고 스스로 정치적 결정을 내릴 수 있는 권리를 의미해. 식민지 지배로 고통받던 아시아와 아프리카의 사람들은 윌슨 대통령의 말에 희망을 걸었어. 어쩌면 강대국으로부터 벗어날 수 있는 절호의 기회였으니까. 인도, 아랍, 베트남 등 각 식민지에서 온 대표들이 파리에 있는 회의장 주변을 기웃거렸어.

일본의 지배를 받던 우리나라도 파리 강화 회의를 놓칠 수 없었어. 해외 독립 운동 단체인 신한청년당의 김규식이 대표로 파리에 도착했지. 김규식은 백방으로 쫓아다니며 우리나라가 왜 일본으로부터 독립해야 하는지를 설명했지만 결국 효과를 거두지 못했어. 승전국이자 연합국인 일본의 식민지였기 때문이지.

> 신한청년당은 1919년 상하이에서 김구, 여운형, 이광수 등이 조직한 독립투사 모임이야.

▲ 김규식(왼쪽)이 1919년 4월 3일에 파리 강화 회의에 제출한 '신한청년당 13개조'

승전국인 영국과 프랑스는 민족 자결주의 원칙에 콧방귀를 뀌었어. 자신들이 지배하던 식민지를 독립시켜 줄 생각이 눈곱만큼도 없었거든. 당시 프랑스 대표였던 조르주 클레망소 총리가 윌슨의 14개조 평화 원칙에 대해 "전능하신 하나님께서도 열 개의 계명만 주셨다."라고 받아치며 비웃을 정도였단다.

영국은 더 심했어. 제1차 세계 대전 때 영국은 식민지인 인도에 자치권을 약속하며 참전해 줄 것을 부탁했어. 그 약속을 철석같이 믿었던 인도는 전쟁 물자뿐만 아니라 병력까지 동원하여 영국을 도왔지. 무려 80만여 명의 인도인이 전쟁터에 나아가 7만 4000여 명이 목숨을 잃었고, 약 7만 명은 부상을 당했어. 이 모든 것은 오직 인도의 자치권을 얻기 위해서였지. 그러나 전쟁이 끝나자 영국은 약속을 헌신짝처럼 던져 버렸어. 오히려 독립을 요구하는 인도인들을 심하게 탄압했단다.

▼ 1919년 1월 18일, 제1차 세계 대전 종료 이후 열린 파리 강화 회의에 참여한 각국 대표

월슨의 민족 자결주의는 패전국인 독일, 오스트리아·헝가리 제국, 오스만 제국의 식민지에만 해당될 뿐이었어. 파리 강화 회의를 통해 독립을 얻게 된 유고슬라비아, 헝가리, 체코슬로바키아는 모두 패전국의 식민지였거든. 승전국인 영국과 프랑스, 일본의 식민지는 독립의 꿈을 접어야 했지.

파리 강화 회의에는 27개국의 대표가 참석했어. 그러나 실제로 회의를 이끈 나라는 미국, 영국, 프랑스, 이탈리아였어. 도중에 이탈리아가 회의에서 빠지게 되자 미국, 영국, 프랑스의 뜻에 따라 모든 것이 처리되었어. 그나마 미국은 파리 강화 회의를 통해 식민지 경쟁을 멈추고 세계 평화를 이루려고 노력했지만 큰 성과를 거두지는 못했지. 영국과 프랑스의 관심은 오로지 패전국으로부터 전쟁에 따른 피해 보상을 어떻게 받느냐는 것뿐이었거든.

▲ 오른쪽부터 미국 대통령 윌슨, 프랑스 총리 클레망소, 영국 총리 데이비드 로이드 조지, 이탈리아 총리 비토리오 오를란도

역사 속 재미 쏙

파리의 조선 자객

독립운동가인 김원봉은 신한청년당과 생각이 달랐어. 파리 강화 회의에 우리나라 대표를 보내 민족의 설움을 호소한들 원하는 독립이 얻어질 것 같지 않았거든.

"일본이 패전국이라면 또 모를 일이다. 그러나 일본은 당당한 연합국의 일원이다. 과연 어떤 나라가 일본과 원수를 맺으면서 약소국인 우리를 위해 싸워 줄 것인가? 그것은 도저히 있을 수 없는 일이다."

김원봉은 이렇게 주장하며 일본 대표를 해칠 자객으로 김철성을 파리에 파견하기로 결정했어. 파리로 건너간 김철성은 며칠 동안 일본 대표의 동정을 살피며 기회를 노렸어. 그런데 막상 일을 치르려던 날 어이없는 일이 벌어졌지 뭐야. 권총과 실탄이 감쪽같이 사라져 버린 거야. 누군가 숙소에 몰래 들어와 훔쳐 갔던 모양이야. 김철성은 어쩔 수 없이 허무하게 파리를 떠나야 했어.

▲ 김원봉

베르사유 조약

1919년 4월에 독일 대표단이 파리에 도착했어. 연합국이 만들어 놓은 조약문을 확인하기 위해서였어. 그런데 조약문을 받아 든 독일 대표단의 얼굴은 금세 하얗게 질렸어. 전쟁에 대한 모든 책임을 독일에 떠넘기며 엄청난 보상을 요구하는 내용이 담겨 있었거든.

독일 총리는 연합국 대표에게 이렇게 선언했어.

▲ 베르사유 조약에 서명하는 독일 대표와 이를 물끄러미 지켜보는 승전국 대표들을 표현한 그림이야. 독일 대표는 조약의 내용이 너무 가혹해서 고개를 숙이고 있어.

"나는 조약에 절대 서명할 수 없소."

연합국 대표들은 굳은 표정으로 쏘아붙였어.

"그렇다면 다시 군대를 일으켜서 독일을 점령하겠소."

1919년 6월, 연합국 대표들은 프랑스의 베르사유 궁전에 다시 모였어. 그리고 패전국인 독일의 대표를 거울의 방으로 부른 뒤 서류를 내밀었지. 독일 대표는 마지못해 조약을 체결했어. 독일은 조약에 따라 1871년에 전쟁으로 빼앗은 알자스와 로렌 지방을 프랑스에 돌려줘야만 했어. 폴란드에는 바다로 이르는 길을 내주어야 했고, 벨기에와 덴마크에도 영토를 떼어 주어야 했지. 이건 수많은 독일계 주민이 하루아침에 다른 나라의 지배를 받아야 한다는 뜻이기도 해.

독일은 군대도 줄여야 했어. 육군 병력은 10만 명을 넘을 수 없었어. 잠수함이나 전투기 등 최신 무기를 보유하는 것이 금지되었으며 군함의 소유도 20여 척 아래로만 허용되었어. 다른 나라와 맞닿아 있는 국경 지대에는 아예 군대를 배치할 수도 없었지.

이렇게 베르사유 조약은 승전국과 패전국 사이의 문제들을 정리

수십 년 전 독일은 프랑스를 점령한 뒤 거울의 방에서 독일 통일을 선포했어. 프랑스는 그때의 수치를 되갚아 주기 위해 똑같이 거울의 방에서 베르사유 조약을 체결했어.

▲ 베르사유 체제 시기 신생 독립국

했어. 이에 따라 새로운 국제 질서가 형성되었지. 이것을 '베르사유 체제'라고 해.

무엇보다 독일에 가장 큰 타격을 입힌 것은 독일이 지불해야 하는 전쟁 피해 배상금이었어. 특히 프랑스가 연합국 군대의 군사적 손실에 대한 배상까지 요구하면서 배상금 액수가 껑충 뛰었지. 독일은 20년 안에 1320억 마르크를 배상금으로 물어내야 했어. 독일인들은 베르사유 조약이 너무 가혹하다며 분통을 터트렸어.

마르크는 독일에서 유로 이전에 사용하던 통화 단위야.

독일과 동맹을 맺었던 국가들도 대가를 치러야 했어. 우선 여러 민족이 모여 살던 오스트리아·헝가리 제국은 생제르맹 조약에 따라 사실상 공중분해되었어. 그러면서 유고슬라비아, 체코슬로바키아, 폴란드, 헝가리 등이 독립하였고 오스트리아는 면적과 인구가 전쟁 이전보다 4분의 1로 줄어들었어. 더구나 거액의 배상금까지 물게 되면서 경제적으로 휘청거렸단다. 그리고 수백 년 동안 오스트리아를 다스려 온 합스부르크 가문이 물러나고, 공화국이 수립되었어.

오스만 제국의 영토는 세브르 조약으로 이리저리 나뉜 채 거의 대부분이 프랑스와 영국의 손에 넘어갔어. 그리고 팔레스타인, 요르단, 이라크, 레바논, 시리아 등 오스만 제국에서 독립한 나라들이 영국과 프랑스의 위임 통치를 받았지. 오스만 제국은 이스탄불과 아나톨리아반도 일부만 소유한 아주 자그마한 나라가 되고 말았어.

파리 강화 회의는 명목상 유럽의 평화 체제 수립을 내세웠지만 실제로는 패전국에 대한 승전국들의 복수나 다름없었지. 특히 영국과 프랑스는 독일에 대해서는 아주 가혹했어. 영국은 독일이 지배했던 동아프리카 전부를 넘겨받았고 카메룬과 토고를 프랑스와 나눠 가졌단다. 연합국 측에서 다음과 같은 지적이 나올 정도였어.

"독일에 굴욕감을 안겨 주면 복수심을 품을 수도 있다."

"독일에 남은 것은 전쟁뿐이다."

그러나 영국과 프랑스는 독일의 처지를 눈곱만큼도 헤아려 주지 않았어. 심지어 프랑스 국민들은 파리 강화 회의에서 독일에 내린

처분이 너무 관대하다고 반발하기도 했어. 독일로부터 더 많은 땅을 빼앗아 오거나 독일을 아예 산산조각 내야 한다는 주장까지 나왔단다. 당시 독일은 무려 영토의 15퍼센트와 인구의 10퍼센트를 잃었는데도 말이야. 그러다 보니 독일은 프랑스와 영국에 반드시 원수를 갚아 주겠다며 이를 갈았다는구나. 결국 베르사유 조약은 또 다른 전쟁의 불씨로 남고 만 것이지.

역사 속 상식 쏙

국제 연맹

미국 윌슨 대통령의 제안에 따라 국제 연맹이 만들어졌어. 여러 나라가 공동의 문제를 해결하고자 국제 기구를 만든 것은 역사상 처음 있는 일이었단다. 영국과 프랑스를 비롯해 독립국인 체코슬로바키아와 루마니아 등 42개국이 가입했어. 그러나 정작 미국은 국제 연맹의 회원국이 아니었지. 미국 의회에서 먼로 선언을 내세우며 가입을 거부했거든. 그래도 국제 연맹은 창설 후 10년 동안 국제 평화와 전쟁 방지에 기여했어. 독일과 폴란드의 영토 분쟁을 해결했고 알바니아와 유고슬라비아 사이의 전쟁을 막았어. 세계는 점차 대화와 존중의 단계로 접어드는 듯했지. 국제 연맹의 회원국은 어느덧 63개까지 늘어났어. 그런데 1930년대에 이르자 독일, 이탈리아, 일본, 소련 등이 침략 전쟁을 일삼기 시작했어. 그러나 국제 연맹에는 소속된 군대가 없었으므로 손 놓고 구경만 해야 했지. 얼마 뒤 일본과 독일, 이탈리아, 소련이 국제 연맹에서 하나둘씩 빠져나갔어. 국제 연맹은 시간이 갈수록 허수아비 같은 기구로 변해 버렸지.

▲ 국제 연맹 문장

독일 바이마르 공화국

독일의 빌헬름 2세가 황제의 자리에서 물러나던 날, 사회민주당 대표가 국회 의사당 창문으로 고개를 내밀고 군중을 향해 공화국을 선포했어.

"낡은 고물이나 다름없는 군주제가 무너졌습니다. 군국주의 역시 끝났습니다. 여러분! 우리가 만든 독일 공화국이 무엇에도 위협받지 않도록 힘써 주십시오. 독일 공화국 만세!"

이듬해인 1919년에 독일은 바이마르 헌법을 제정하여 연방 공화국을 수립했어. 바이마르 헌법에서는 제1조에 "독일 제국은 공화국이다. 국가 권력은 국민으로부터 나온다."라고 밝히며 국민의 권리를 강조했어. 아울러 노동자의 권리까지 보장했으므로 당시로서는 놀랄 만큼 민주적인 내용을 포함하는 헌법이었어. 이제 바이마르 공화국으로 불리게 된 독일은 새로운 세상으로 나아갈 준비를 모두 마친 상태였어. 그러나 경제가 독일의 발목을 붙잡았어.

전쟁은 끝났지만 나라 경제가 엉망진창이라서 국민들의 삶은 하루하루 힘겨웠단다. 바이마르 정부는 무너진 건물과 망가진 시설을 원래대로 되돌려 놓아야 했어. 군인과 실업자도 구제해야만 했지. 돈이 여기저기에 필요했으므로 정부는 돈을 마구 찍어 냈어. 물자는 부족한데 화폐만 계속 늘어나면 어떻게 되겠니? 주머니에는

> 군국주의란 국가의 중요한 목적을 군사력 강화에 두고 전쟁 준비를 가장 우선으로 여기는 정치 체제를 말해.
>
> 연방 공화국은 자치권이 있는 여러 나라가 공통의 정치 이념을 가지고 뜻을 모아 나라를 다스리는 국가란다.

◀ 당시 독일에서는 지폐를 찍을 종이와 잉크가 부족해서 1,000마르크 지폐를 100만 마르크로 고쳐 썼어.

돈이 넘쳐 나지만 물건을 살 수 없는 상황이 벌어진단다. 당시 독일이 이런 경우였지. 심지어 화폐를 찍을 때 필요한 잉크와 종이마저 구하기 힘든 지경이었어.

결국 독일에서는 세계 역사상 유례가 없는 인플레이션이 일어났어. 약 4년 만에 독일의 물가가 100억 배로 뛰어올랐거든. 때로는 아침의 빵값과 오후의 빵값이 열 배 이상 차이 날 정도였어. 돈이 흔해지자 돈을 땔감으로 쓰는 사람이 생겨났고, 돈다발을 장난감처럼 갖고 노는 아이들도 눈에 띄었지. 독일 정부는 100조 마르크짜리 지폐를 발행하기에 이르렀어. 그러자 다음과 같은 믿지 못할 이야기까지 떠돌았어.

> 인플레이션은 통화량의 증가로 화폐 가치가 떨어지고 물가가 오르는 현상을 말해. 당시 독일처럼 짧은 기간 안에 물가가 심하게 치솟는 상황을 일컬어 초인플레이션이라고 하지.

독일에 형제가 살았다. 동생은 일벌레인 반면, 형은 게으름뱅이에 술고래였다. 동생의 집에는 돈이 쌓여 갔고 형의 집에는 빈 술병만 넘쳐 났다. 그러다 독일에 인플레이션이 닥쳤다. 4마르크였던 빵 한 덩이가 4000억 마르크로 올랐다. 열심히 돈을 모은 동생은 거지가 되었지만 게으름뱅이 형은 빈 술병을 팔아 부자가 되었다.

이런 상황이니 독일 정부는 전쟁 배상금을 제때 갚을 수 없었어. 결국 세 차례나 밀리게 되자 프랑스와 벨기에가 1923년에 군대를 동원해 독일의 탄광 지역인 루르를 점령하였지. 전쟁 배상금을 석탄으로 받아 내겠다는 뜻이었어. 그러자 독일 노동자들이 파업으로 맞

> 독일은 전쟁 배상금을 금화로 갚아야 했는데, 전쟁을 치르느라 갖고 있던 금을 모두 써 버려서 배상금을 갚기가 어려웠지. 연합국은 배상금을 못 받자 독일의 기계 장비를 뜯어 가기도 했어.

섰어. 프랑스와 벨기에 군대는 독일의 파업 노동자들을 진압하면서 수많은 사망자를 냈단다. 국민들이 죽어 가는데도 독일 정부는 아무런 조치도 취할 수 없었어.

프랑스와 벨기에가 루르 지방을 점령한 뒤로 독일의 형편은 더욱 쪼들렸어. 그러자 미국의 재무 장관인 찰스 게이츠 도스가 독일의 재정을 개편할 수 있는 방안을 제시하는 한편, 독일 산업에 투자하겠다고 발표했어. 이를 '도스안'이라고 해. 독일의 숨통을 틔워 주는 것이 장기적으로 보았을 때 유럽 경제에 도움이 된다는 판단에서 나온 계획이었지.

1925년에는 영국과 프랑스, 독일 등 유럽 주요 국가의 지도자들이 스위스의 로카르노에 모여 '로카르노 조약'이라는 안전 보장 조약을 체결했어. 영토 분쟁은 멈추고 평화를 유지하기로 약속한 조약이었지. 또한 켈로그·브리앙 조약을 맺어 국제 분쟁을 해결하기 위한 수단으로 전쟁을 이용하지 않을 것을 선언해.

또한 독일이 지불할 수 있는 능력의 범위 안에서 연금 지불 방식으로 배상금을 각국에 지불하도록 하는 '영안'도 마련되었어. 이렇게 되자 프랑스는 루르 지방에서 물러났어. 독일은 미국에서 돈을 빌려 한숨 돌릴 수 있었어. 게다가 새로운 화폐를 발행하여 살인적인 물가 폭등도 가라앉았지. 독일의 경제는 서서히 회복되어 갔어. 각국의 지도자들은 워싱턴 회의, 런던 회의를 통해 군비 축소를 논의하기도 했지.

영안은 당시 배상 위원회의 위원장인 영의 이름을 딴 해결안으로, 세계 경제 공황으로 곧 폐기되었어. 하지만 이어 열린 로잔 회의에서 독일의 배상 문제는 실질적으로 소멸되었단다.

여성 참정권 운동

제1차 세계 대전 이전에는 여성에 대한 차별이 심했어. 전 세계적으로 여성은 남성에 비해 열등하다는 인식이 퍼져 있었지. 여성은 남성과 똑같은 일을 하고도 제대로 대우를 받지 못했어. 그러니 투표를 하거나 선거에 나갈 권리에 대해서는 꿈도 못 꿨단다. 노동자들도 자신의 투표권은 당연하게 여기면서도 여성의 투표권은 인정해 주지 않았거든. 1893년이 되어서야 뉴질랜드가 세계 최초로 여성의 보통 투표권을 인정했지.

그러나 영국은 그때까지도 여성 참정권을 의회에서 통과시키려 하지 않았어. 여성들의 항의가 빗발치자 영국 정부는 재산이 있는 여성들에게만 투표권을 주겠다고 약속했어. 하지만 영국 의회는 그런 반쪽짜리 참정권조차 거부했어. 영국 의회가 여성에게 투표권을 주지 않으려는 이유는 한두 가지가 아니었어.

"여자는 정치적 판단을 내리기에는 지나치게 감정적이며 쉽게 냉정을 잃는다."

"여자들에게 투표권을 주면 사회 구조가 무너진다."

"여자의 권리는 그 아버지나 형제, 남편을 통해 잘 이뤄지고 있다."

"여자들은 국회 의원과 국무 위원, 나중에는 판사까지 되겠다고 주장할 것이다."

영국의 여성 참정권 운동가인 에멀린 팽크허스트는 서명과 청원만으로는 도저히 여성이 투표권을 얻을 수 없다고 판단했어. 에멀린

▲ 에멀린 팽크허스트

은 '여성 사회 정치 동맹'을 조직하여 과격한 방법으로 운동을 펼쳐 나갔어. 여성 사회 정치 동맹의 여성들은 런던 중심가에 있는 건물의 유리창을 박살 내고 전철에 불을 질렀어. 또 버킹엄 궁전 난간에 몸을 묶고 시위를 벌였지. 이 때문에 에멀린은 경찰에게 폭행당하고 감옥으로 끌려가 몇 개월씩 감금을 당하기도 했대.

에멀린은 여성 참정권 운동 중 폭력을 행사했다는 이유로 재판정에 서게 되자 다음과 같이 말했어.

"참정권을 얻기 위해 천 명 이상의 여성들이 감옥에 갔습니다. 이런 투쟁 방식이 옳은지 그른지는 중요하지 않습니다. 오직 이런 방식만이 오늘날의 끔찍한 상황을 바꿀 수 있습니다."

여성들은 이를 악물고 투쟁했지만 영국 정부는 눈 하나 깜짝하지 않았어. 영국 사회도 여성 참정권에 관심을 기울이지 않았지. 여성은 집에서 살림만 하면 그만인 존재라고 생각했기 때문이야. 그런데 제1차 세계 대전으로 여성의 역할이 달라지면서

▲ 여성 참정권을 주장하고 있는 영국 여성들의 모습

▲ 차를 고치는 여성 노동자

여성 참정권 운동도 힘을 얻기 시작했어. 전쟁터로 끌려간 청년들의 빈자리를 여성들이 메웠거든. 여성들은 자동차 정비사는 물론이고 철도 경비원이나 경찰관, 소방관의 임무를 척척 처리했단다.

그 결과 영국에서는 전쟁 직후 모든 남성과 일부 여성의 참정권이 인정되었어. 비록 30세 이상의 여성에게만 부여하는 한정된 참정권이었지만 몇 년 전에 비하면 엄청난 발전이었지. 그런데 왜 30세 이상으로 나이를 제한했을까? 영국 정부는 청년들이 전쟁터에 나가 많이 죽었다는 점을 이유로 내세웠어. 남성과 동등하게 투표권을 줬다가는 여성 유권자가 남성 유권자보다 많아질 수 있다고 주장했다는구나. 영국은 1928년에야 비로소 모든 여성에게 남성과 동등한 참정권을 부여했어.

미국은 1870년에 흑인 남성의 참정권을 허용했지만 1900년이 될 때까지도 여성 참정권에 대해서는 무관심했어. 사회 개혁가인 수전 앤서니는 투표권이 없는 여성이 투표했다는 이유로 벌금형을 선고받았어. 수전은 굴복하지 않고 미국 전역을 돌아다니며 여성 참정권에 대해 연설했어. 그러나 뜻을 이루지 못하고 1906년에 세상을 떠났지. 미국 여성이 참정권을 얻기까지는 그 뒤로도 오랜 시간이 흘러야 했어. 제1차 세계 대전이 끝나고 나서야 미국의 국회는 전쟁에 여성들이 큰 기여를 했다며 1920년에 여성 참정권을 통과시켰거든.

프랑스 군수 공장의 여성 노동자는 1914년에 약 21만 명이었는데 1918년에는 91만 명 정도로 늘어났어.

📖 세계사가 한눈에 쏙!

01 제1차 세계 대전이 끝난 후 27개국의 대표가 프랑스 파리에 모여 전쟁의 뒤처리에 대해 논의했다. 미국의 우드로 윌슨 대통령은 민족 자결주의가 포함된 14개조 평화 원칙을 제시했다. 그러나 승전국이 지배하는 식민지에는 윌슨의 민족 자결주의가 적용되지 않았다.

02 독일은 베르사유 조약으로 영토의 15퍼센트를 잃었으며, 점령하고 있던 식민지를 내놓아야 했다. 또 군대는 대폭 축소되었으며 엄청난 액수의 배상금을 물어야 했다. 독일의 동맹국인 오스트리아·헝가리 제국과 오스만 제국은 영토의 대부분을 잃었다.

03 독일은 황제가 물러난 뒤에 바이마르 헌법을 제정하고 공화국을 세웠다. 독일 정부는 전쟁으로 파괴된 건물과 시설을 복구하느라 돈을 마구 찍어 냈다. 물자가 부족한 상태에서 화폐가 늘어나자 독일의 물가는 4년 만에 100억 배 이상 치솟았다.

04 독일이 엄청난 전쟁 배상금을 감당할 수 없게 되자 갚아야 할 전쟁 배상금을 줄여 주고 미국이 독일 산업에 투자하는 '도스안'이 나왔다. 또한 독일이 지불할 수 있는 범위 안에서 연금 방식으로 배상금을 지불하는 '영안'도 마련된다.

05 제1차 세계 대전을 거치며 오랜 세월 동안 차별을 받았던 여성들의 사회 진출이 활발해졌다. 그로 인해 여성들은 참정권을 얻어 낼 수 있었다.

4장
러시아 혁명

| 혁명 전의 러시아
| 피의 일요일 사건
| 3월 혁명
| 11월 혁명
| 사회주의 국가의 수립

20세기 러시아의 정치 체제는 영국이나 프랑스와 달랐어. 황제인 차르가 모든 권력을 잡고 마음대로 휘두르다 보니 민주주의는 아주 먼 나라의 이야기였어. 게다가 일본과 전쟁을 치르느라 러시아 국민의 삶은 무척 고달팠단다. 자유주의자와 노동자 들은 러시아의 정치 개혁을 요구하며 시위를 벌였어. 그러나 러시아가 제1차 세계 대전에 뛰어드는 바람에 개혁은 물거품이 되고 말았어. 러시아는 현대식 무기는커녕 총도 부족한 상태에서 전쟁을 치른 탓에 가장 많은 사상자를 내고 막대한 피해를 입었거든. 무리한 전쟁이 계속되자 식량과 물자가 부족해졌고 참다못한 국민들은 거리로 뛰쳐나와 시위를 벌였어. 결국 차르가 물러나고 레닌이 이끌던 볼셰비키당이 정권을 잡으면서 사회주의 개혁이 시작되었단다.

자, 그럼 러시아의 혁명과 사회주의 국가 수립 과정을 함께 살펴보자.

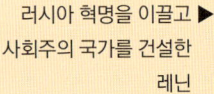
◀ 러시아 혁명을 이끌고 사회주의 국가를 건설한 레닌

혁명 전의 러시아

러시아는 차르라고 불린 황제가 통치하는 중에 1890년대 이후 공업이 꾸준히 발전했어. 도시 곳곳에 공장이 들어섰고 노동자들은 바쁘게 물건을 만들어 냈지. 1900년의 공업 생산량이 40년 전보다 일곱 배 이상 상승하면서 도시 노동자의 수도 대략 200만 명으로 늘어났어. 그러나 노동자들의 삶은 비참하기 짝이 없었어. 최저 임금도 없고 노동 시간도 정해지지 않았지. 하루에 14시간 넘게 일하는 노동자들이 허다했어. 노동자들은 형편없는 음식으로 끼니를 때웠고 주로 지하실에서 뒤엉킨 채 잠을 청했어. 당시 부르주아(자본가 계급)가 발간한 인쇄물에는 노동자의 환경을 감옥에 비유한 글이 실리곤 했어.

노동자에 대한 부당한 대우는 이뿐만이 아니었어. 지각을 하면 임금의 3분의 1 이상을 벌금으로 내야 했고 여성 노동자는 아기를 낳은 다음 날부터 출근해야만 했지. 게다가 걸핏하면 해고당하기 일쑤였어. 한마디로 부르주아와 기업가가 노동자들을 철저하게 착취하고 있었던 거야. 그러자 도시 노동자를 중심으로 개혁을 주장하는 목소리가 날로 커져 갔어. 이러한 상황을 배경으로 1898년에 노동자의 입장을 대변해 주는 '러시아 사회 민주 노동당'이 창당되었어.

러시아 사회 민주 노동당은 다음과 같이 선언했어.

"러시아 노동자 계급은 정치적 자유를 반드시 얻어 낼 것이다. 인간에 대한 착취가 사라지는 사회를 반드시 건설하겠다."

차르 니콜라이 2세는 제국에 부는 변화의 바람을 달가워하지 않앞어. 곧바로 러시아 사회 민주 노동당을 해산시키고 언론의 자유를 억압했지. 그러자 노동자들의 시위는 날로 거세어졌어. 정부는 노동자 사이에 비밀 요원을 몰래 투입하거나 비밀경찰을 운영했지. 그러나 노동자들의 투쟁은 전혀 수그러들지 않았어. 오히려 1901년에 농민 정당인 사회 혁명당을 결성하여 더욱 강하게 투쟁했어. 그들은 농촌 개혁과 토지 재분배를 주장했어.

러시아의 국내 상황이 불안정한 가운데 1904년 일본이 러시아에 전쟁을 선포했어. 그리고 청의 뤼순과 우리나라의 제물포(인천)에 있던 러시아 함대를 공격했지. 만주와 한반도의 지배권을 둘러싸고 러시아와 일본이 전쟁을 벌였던 거야. 이것이 바로 러일 전쟁이었지.

러시아 국민들은 아시아 끄트머리의 조그만 섬나라쯤이야 얼마든지 이길 수 있다고 자신했어. 그렇지만 러시아군은 바다와 육지에서 일본군을 상대로 패하고 말아. 러시아의 자랑거리인 발트 함대가 격파되고 사령관이 포로로 잡혀 가자 러시아군의 사기는 땅에 떨어졌단다. 러시아는 일본과 포츠머스에서 휴전 협정을 맺으며 사실상 패배를 인정했지. 일본은 한반도의 지배권을 얻어 내고 만주로 진출했어.

▲ 일본과 러시아 대표들이 포츠머스에서 회담하는 장면

74

피의 일요일 사건

러일 전쟁으로 러시아 국민들은 군대에 동원되어야 했고 물가가 치솟았어. 이러한 어려움 속에서 러시아의 패배가 분명해진 1905년 초, 수도 상트페테르부르크에서는 노동자들의 임금 인상 문제로 하루가 멀다 하고 시위가 벌어졌어. 공장 노동조합을 이끌던 게오르기 가폰 신부는 노동자들의 고통스러운 현실을 청원서에 담아서 차르에게 직접 전달하자고 제안했지.

청원서는 차르에게 호소하는 글로 시작되었어.

"폐하! 저희 상트페테르부르크의 노동자와 주민과 처자식과 늙은 부모는 보호를 바라며 당신께 갑니다. 저희는 가난에 억눌린 채 힘들게 일해 왔습니다. 또한 비참한 운명을 견디며 노예처럼 살았습니다. 이제 저희의 인내는 바닥났습니다. 고통을 견디기보다는 차라리 죽는 게 낫다는 결론을 내렸습니다. 저희는 공장 주인에게 살려 달라고 간절히 요구했습니다. 그러나 요구는 거절당했습니다. (……) 폐하, 백성들을 버리지 마시옵소서. 당신과 당신의 백성 사이에 가로놓인 벽을 깨부수십시오."

그리고 언론과 집회의 자유, 합당한 임금, 8시간 노동제, 노동조합 설립 등의 요구 조건을 청원서에 담았어.

1905년 1월 22일 일요일, 가폰 신부가 이끄는 노동자들은 〈신이여! 황제를 보호하소서!〉라는 당시 러

상트페테르부르크는 '성 베드로의 도시'라는 뜻이며 페테르부르크라고도 해. 1914년에 페트로그라드로 이름이 바뀌었다가 1924년 레닌을 기리기 위해 레닌그라드가 되었어. 그 뒤 소련이 해체되면서 현재 이름을 되찾았지.

▶ 가폰 신부야. 시위대를 겨울 궁전으로 이끌었던 인물이지.

시아 국가를 부르며 청원서를 제출하려고 겨울 궁전으로 향했어. 시위대의 수는 점점 늘어났지. 노동자들은 차르가 자신들의 문제를 해결해 줄 것이라고 믿었어. 그래서 차르의 초상화를 높이 들고 평화롭게 행진했어.

하지만 광장에 이르렀을 때, 궁전을 지키던 친위대가 시위대를 막아섰어. 시위대가 아랑곳하지 않고 앞으로 나아가려 하자 사격이 시작되었어. 곧이어 대포도 여러 발 발사되었단다. 광장에 쌓인 새하얀 눈은 순식간에 붉은 피로 물들였지. 이것이 끝이 아니었어. 기마대가 시위대 쪽으로 돌진하며 칼을 마구 휘두르기 시작한 거야. 그날 수천 명이 목숨을 잃거나 큰 부상을 입었어. 그야말로 '피의 일요일'이 되고 말았지.

▲ 피의 일요일 사건을 묘사한 그림

피의 일요일 사건 이후 국민들의 분노는 온 나라로 퍼져 나갔어. 차르를 부모처럼 여기던 러시아 국민들은 배신감에 치를 떨었어. 즉시 파업을 단행하고 시위를 벌이며 차르에게 항의했지.

"우리에게 이제 차르는 필요 없다!"

"차르가 다스리는 전제 정치를 타도하자!"

수많은 노동자가 파업에 동참하는 바람에 러시아는 큰 혼란에 휩싸였어. 그러나 이때까지도 차르는 사태의 심각성을 깨닫지 못했지. 그런데 몇 달 뒤 러시아 전함 포툠킨호의 병사들이 반란을 일으키더

전제 정치란 지배자가 국가의 모든 부문을 장악한 정치를 뜻해.

1905년 러시아 전함인 포툠킨호의 병사들은 음식에 들어갈 고기가 썩어 구더기가 들끓는 것을 보고 항의하였어. 사령관이 병사 한 명을 사살하자 병사들이 반란을 일으켰어. 그리고 전함에 붉은 깃발을 걸고 노동자 시위대에 합세했지.

▲ 러시아의 전함 포툠킨호

니 철도 노동자들까지 파업에 동참했어. 급기야 10월에는 전국적으로 대규모 총파업이 발생했고, 폭동으로 귀족들의 저택 수천 채가 불길에 휩싸였지. 니콜라이 2세는 그제야 국민의 뜻을 받아들이겠다며 한걸음 물러났어. 국민 투표를 거쳐 의회를 만든 뒤 권력을 넘기겠다고 선언한 거야. 아울러 헌법을 통해 국민에게 언론과 집회의 자유를 주겠다고 약속했지.

이듬해 선거를 거쳐 의회가 정식으로 구성되었어. 그러나 차르의 권력은 의회보다 훨씬 막강했으므로 이전과 크게 달라진 점은 없었어. 심지어 니콜라이 2세는 의회에 자신을 비판하는 세력이 많아지자 의회를 해산시켜 버렸단다. 그리고 선거법을 바꿔서 부유한 계층만 정치에 참여할 수 있도록 만들었지. 권력을 의회에 넘기겠다는 약속은 새빨간 거짓말이었던 거야. 그뿐만이 아니었어. 차르는 파업과 시위를 주도해 왔던 혁명가들을 마구 잡아들이기 시작했단다. 1907년부터 3년 사이에 3만 명이 넘는 사람들을 감옥에 가두었고, 약 5,000명이 넘는 사람을 처형했어. 러시아의 시간은 다시 거꾸로 돌아가는 것 같았어.

혁명 세력은 점차 힘을 잃어 갔지. 혁명의 열기는 차갑게 식어 갔으며 러시아군은 차르에게 충성을 맹세했어. 니콜라이 2세는 대규모 시위나 파업이 또 일어날까 봐 이름뿐인 개혁 정치를 시행했지만 그마저도 얼마 못 가서 중단되었어. 러시아가 제1차 세계 대전에 참전했기 때문이야.

쇼스타코비치 교향곡 11번

드미트리 쇼스타코비치는 러시아의 유명 작곡가란다. 피의 일요일 사건이 일어난 상트페테르부르크에서 1906년에 태어났어. 쇼스타코비치는 1957년에 완성한 열한 번째 교향곡의 주제를 '피의 일요일 사건'으로 삼았어. 모두 네 개 악장으로 구성된 쇼스타코비치의 11번 교향곡을 듣고 있으면 1905년 피의 일요일 사건이 순서대로 떠오른단다.

1악장인 '왕궁의 광장'에서는 겨울 궁전 광장의 싸늘한 경치와 무능한 차르 밑에서 신음하는 민중의 모습이 묘사되어 있어. '1월 9일'이라는 제목의 2악장은 군중의 외침과 기도에 이어 시위대를 향해 발포하는 친위대의 모습을 비극적으로 표현하고 있단다. 3악장은 '영원한 기억' 또는 '추모'라 부르는데, 광장에서 죽어 간 민중을 추모하는 일종의 장송곡으로 구성되었어. 4악장인 '경종'은 비극을 딛고 일어나 혁명을 향해 전진하는 민중의 모습을 묘사하고 있지. 교향곡 내내 울려 퍼지는 총성은 끊임없이 되풀이되는 인간의 폭력과 잔인함을 의미한다는구나.

▲ 쇼스타코비치

3월 혁명

러시아는 오스트리아·헝가리 제국에 선전 포고를 하며 제1차 세계 대전에 뛰어들었어. 러시아가 전쟁을 시작한 이유는 아주 단순했어. 오스트리아·헝가리 제국을 단숨에 무찌를 자신이 있었거든. 그러나 전쟁을 시작하자마자 문제가 발생했어. 병사들에게 지급할 무

▲ 니콜라이 2세

기가 턱없이 부족했던 거야. 따라서 전체 병사가 적을 향해 돌격할 때는 앞줄의 병사만 소총을 들고 있었어. 그들이 쓰러지면 뒷줄의 병사들은 총기를 넘겨받아 싸우는 식이었지. 첨단 무기는커녕 소총 한 자루 만져 보지 못하고 죽은 병사들이 많았다는 뜻이야.

그러니 전쟁 첫해부터 수백만 명의 러시아 병사가 목숨을 잃거나 부상을 입는 것은 어찌 보면 당연한 일이었어. 얼어 죽거나 굶어 죽는 병사들도 많았지. 전쟁터에 나간 수많은 젊은이들은 차디찬 시신이 되어 돌아왔어. 게다가 정부는 전쟁에 쓸 물자를 농민이나 노동자에게서 빼앗아 갔어. 국민들의 삶은 더더욱 비참해졌지.

반면에 니콜라이 2세는 휘황찬란하게 꾸며진 궁전에서 온갖 사치를 누리며 살고 있었어. 차르의 식사는 프랑스의 유명 요리사가 도맡았고 식사 때마다 수백 명의 하인들이 시중을 들었어. 식탁에 놓인 묵직한 은 식기와 아름다운 크리스털 그릇에는 귀한 음식들이 가득했단다. 게다가 니콜라이 2세는 개인 도서관을 두 개나 갖고 있었어. 도서관의 책마다 금이나 은으로 만든 자물쇠가 달려 있었지. 도서관의 책값을 모두 합치면 수백 명의 사람들을 1년 동안 먹여 살릴 수 있을 정도였단다. 어때? 니콜라이 2세가 얼마나 호화롭게 살았는지 짐작이 가지?

전쟁으로 고통받던 러시아의 국민들은 차르의 호화로운 생활을 알게 되자 실망을 금치 못했어. 게다가 차르의 주변에 머물고 있는 라스푸틴이라는 수도승 때문에 더욱 울화통이 터졌지. 라스푸틴은 황태자의 혈우병을 고쳐 줬다는 이유로 차르와 황후의 신임을 얻은 뒤 정치에 끼어들어 온갖 부정부패를 일삼았거든.

▲ 라스푸틴

황태자와 라스푸틴

니콜라이 2세의 황후인 알렉산드라는 영국 빅토리아 여왕의 손녀였어. 빅토리아 여왕에게서 시작된 혈우병 유전자는 알렉산드라 황후를 거쳐 황태자에게 전해졌어. 혈우병은 가벼운 상처에도 출혈이 멈추지 않아 자칫하면 사망할 수도 있는 위험한 질병이야. 알렉산드라 황후는 아들의 혈우병에 죄책감을 느끼며 슬퍼했어. 그때 라스푸틴이라는 수도승이 나타나 황태자의 혈우병을 낫게 해 주겠다고 장담했지. 놀랍게도 황태자의 병은 조금씩 나아지는 듯했어. 그러자 차르와 황후는 라스푸틴의 말을 맹목적으로 따르기 시작했어. 라스푸틴이 차르 못지않은 권력을 갖게 된 셈이었지. 라스푸틴은 자기편의 사람들을 관리로 앉히며 부정부패를 일삼았어. 이를 못마땅하게 여긴 귀족들은 합심하여 라스푸틴을 살해했단다.

라스푸틴은 심지어 군대의 일까지 간섭하며 건의하기도 했어.

"차르께서 남부 전선에서 전쟁을 치르면 반드시 승리하리라고 신께서 계시를 내려 주셨습니다."

니콜라이 2세는 주변 장군들과 참모들이 반대하는데도 라스푸틴의 말을 믿고 그대로 따랐지. 그 바람에 러시아군은 독일군에 참패를 당하고 말았어. 그리고 러시아 서부의 공업 지대와 우크라이나의 곡창 지대까지 독일군에게 빼앗겼단다. 날이 갈수록 많은 병사들이 죽어 갔으며 식량과 물자는 더욱 부족해졌어. 전쟁에 나가지 않은 일반인들조차 식량과 생필품이 부족해서 엄청난 고통을 겪어야 했지. 며칠 동안 아무것도 먹지 못하는 사람들이 수두룩했단다.

당시 러시아의 수도에서 노동자의 80퍼센트인 약 30만 명이 파업에 참가했어. 공장뿐만 아니라 학교와 신문사가 문을 닫고 전차는 운행을 중단했으며, 노동자들은 무기를 들고 경찰서를 파괴했대.

1917년 3월이었어. 러시아 국민들은 배급을 받으려고 하루 종일 줄을 서 있었지. 그러나 얼마 나눠 주지도 않았는데 빵이 다 떨어지고 만 거야. 쫄쫄 굶은 채 배급을 기다리던 사람들은 격분했어.

너도나도 한목소리로 외치며 시위를 벌였어.

"빵을 달라! 차르는 물러나라! 전쟁을 멈춰라!"

이윽고 도시 전체가 총파업에 나섰어. 차르는 군대를 보내서 이들을 막으려 했지만 소용없었어. 군대마저 차르에게 등을 돌리고 말았거든. 차르는 항복할 수밖에 없었지. 의회는 니콜라이 2세를 끌어내리고 가족과 함께 먼 곳으로 추방했어. 그리고 케렌스키를 수반으로 하는 임시 정부가 수립되었지. 이렇게 러시아 제국은 3월 혁명으로 막을 내렸단다.

▲ 1917년 러시아 혁명 당시 연합군 본부 앞에 여러 나라의 군인들이 줄지어 서 있는 모습

11월 혁명

3월 혁명은 노동자와 농민과 군인이 힘을 합쳐 이뤄 낸 혁명이었어. 러시아 국민들은 임시 정부가 제1차 세계 대전에서 손을 떼고 나라의 경제를 되살려 주기를 바랐어. 특히 러시아 병사들은 독일군뿐만 아니라 열악한 환경과 싸우느라 녹초가 된 상태였거든. 방한복이 없어서 추위에 덜덜 떨어야 했고 군화가 부족하여 발은 상처투성이였어. 그러니 전쟁에서 이기겠다는 마음이 생겨날 수 있었겠니? 한

시라도 빨리 전쟁이 끝나기만을 바랐지. 러시아의 노동자나 농민 역시 전쟁이 지긋지긋하던 참이었어.

그런데도 임시 정부는 전쟁에서 발을 뺄 생각이 없었어. 임시 정부의 의원들은 주로 대신과 장군과 귀족이었거든. 전쟁으로 고통받던 군인이나 노동자, 농민들과는 생각이 달랐던 거지. 케렌스키 역시 전쟁을 찬성하는 쪽이었단다.

"그동안 프랑스와 영국이 우리에게 물자를 지원해 주었습니다. 우리가 독일과 전쟁을 치렀기 때문이지요. 여기서 전쟁을 포기하면 프랑스와 영국이 우리에게 전쟁 물자를 보내 줄 리가 없습니다. 자칫하면 러시아의 경제가 무너지게 됩니다."

당시에는 독일군이 연합군에 밀리고 있었어. 케렌스키는 러시아군이 조금만 더 밀어붙이면 빼앗겼던 땅은 물론이고 독일 동부의 광산 지대까지 차지할 수 있을 것이라고 판단했지. 케렌스키는 러시아군을 동원해 총공격에 나섰어. 그러나 러시아군은 독일군의 적수가 되지 못했단다. 오히려 독일군에 짓밟혀 패배하고 말았지.

가을이 되자 러시아 병사들이 하나둘 군대를 뛰쳐나와 총을 든 채 고향으로 돌아갔어. 그중 몇몇은 부유한 지주들을 죽이고 땅을 빼앗기도 했어. 러시아 국민들은 케렌스키와 임시 정부의 무능함에 점점 더 실망하기 시작했지.

바로 그때 사회주의 혁명가인 블라디미르 레닌이 국민 앞에 나타났어. 레닌은 청년 시절부터 혁명 운동에 뛰어든 인물이었어. 그러나

피의 일요일 사건 이후 본격적으로 사회주의 혁명을 준비하다 정부의 탄압에 못 이겨 스위스로 망명했지. 몇 년 뒤, 임시 정부가 들어서자 레닌은 다른 망명자들과 함께 러시아로 돌아왔어.

레닌은 마중 나온 사람들을 향해 외쳤어.

"사랑하는 병사와 노동자 여러분! 머지않아 유럽의 자본주의는 깡그리 무너질 것입니다. 러시아 혁명이 그 시작입니다. 전 세계의 사회주의 혁명 만세!"

레닌은 러시아의 토지는 몇몇 지주의 것이 아니라 러시아 국민 모두의 것이 되어야 한다고 주장했어. 따라서 지주의 토지를 몰수해서 국유화하겠다고 선언했지. 가난한 농민과 노동자들은 레닌의 연설에 박수갈채를 보냈어. 날이 갈수록 레닌을 지지하는 국민들이 늘어났단다.

얼마 뒤, 무장한 군인과 노동자들이 다시 거리로 나와 시위를 벌였어.

"빵을 달라! 평화를 달라!"

그러나 임시 정부는 농민과 노동자의 말에 귀를 기울이지 않았어. 오히려 부르주아가 상당수를 차지하는 임시 의회를 구성했지.

레닌은 국민들을 향해 이와 같이 연설했어.

"우리가 지금 권력을 잡지 않는다면 역사가 우리를 용서하지 않을 것입니다!"

▲ 레닌

▲ 유네스코 세계 유산인 크렘린 궁전과 붉은 광장이야. 러시아 혁명 이후 크렘린 궁전에 의회가 설치되었고, 현재는 대통령 관저로 쓰이고 있어. 붉은 광장에는 러시아 사회주의의 상징인 레닌의 묘가 있지.

> 소비에트는 노동자·군인·농민의 대표자 회의를 뜻하는 러시아어야.

1917년 11월, 레닌은 노동자와 농민으로 구성된 혁명군을 앞세워 겨울 궁전을 점령한 뒤 임시 정부를 몰아냈어. 곧이어 모든 권력을 <u>소비에트</u>가 장악했음을 선포했단다. 혁명군은 최초의 사회주의 정부라 할 수 있는 인민 위원회를 구성한 뒤, 레닌을 인민 위원장으로 선출했어. 레닌은 즉시 토지를 지주들로부터 빼앗아 농민들에게 나눠 주겠다고 즉시 선언했지. 이 사건을 11월 혁명 또는 볼셰비키 혁명이라고 부른단다.

> 당시 러시아에서는 율리우스력을 사용했기 때문에 러시아 달력으로 치면 3월 혁명은 2월에, 11월 혁명은 10월에 일어났어.

86

역사 속 상식 쏙

레닌과 손잡은 독일

레닌은 3월 혁명 소식을 듣고 러시아에 돌아가기로 마음먹었어. 문제는 레닌이 머물고 있는 스위스 취리히에서 러시아의 수도 상트페테르부르크까지는 수천 킬로미터나 떨어져 있다는 점이었지. 게다가 곳곳에 전투가 벌어지고 있어서 위험하기 짝이 없었어. 이때 독일은 레닌에게 열차를 제공해 주었어. 그 덕에 레닌은 열차를 타고 독일 한복판을 안전하게 통과한 뒤 러시아에 도착했단다. 당시 독일은 러시아와 치열하게 전쟁을 벌이고 있던 상태였는데 왜 레닌을 도와주었을까? 레닌은 독일과의 전쟁을 멈춰야 한다고 계속 주장해 왔어. 따라서 레닌이 러시아로 돌아가 혁명을 성공시킨다면 독일로서는 전쟁 상대가 줄어드는 셈이었지. 결국 독일과 레닌은 각자의 이익을 위해 손을 맞잡은 것이란다.

사회주의 국가의 수립

레닌이 이끄는 사회주의 정부는 독일과 평화 조약을 체결하고 제1차 세계 대전에서 손을 뗐어. 곧이어 사회주의 개혁을 시작했지. 레닌은 러시아의 빈곤 문제를 새로운 방식으로 풀어 보려고 했어.

"귀족이나 부자가 토지를 몽땅 차지하는 일이 다시는 없어야겠소. 따라서 이제부터 전국의 모든 토지는 국가의 소유가 될 것이오. 국가는 그 토지를 국민 모두가 공평하게 사용하도록 관리하겠소."

토지뿐만이 아니었어. 회사와 공장도 국가가 관리하고 운영하게 되었지. 전기 회사나 수도 회사는 물론이고 병원과 학교, 서점, 채소

▲ 소련의 선전 포스터야. 혁명 세력에 맞섰던 차르와 귀족, 부르주아들을 레닌이 빗자루로 쓸어버리는 내용을 표현했어.

무장봉기란 기존의 지배 세력을 무너뜨리기 위해 무기를 이용하여 일으키는 반란을 뜻해.

가게까지도 모두 국가의 소유였어. 사유 재산 제도를 폐지하고 생산 수단을 사회화하여 자본주의의 모순을 극복하고자 한 사회주의 국가가 탄생한 것이지.

또한 귀족이나 천민 같은 신분제가 폐지되면서 러시아의 국민이라면 모두 '인민'이라고 불렀어. 정부는 노동자들에게 식량을 우선 배급했으며 노동 시간은 여덟 시간으로 정해 놓았어. 게다가 학교나 병원을 모두 무료로 이용할 수 있도록 조치했지. 차르의 궁전과 귀족의 대저택은 인민의 집회장이나 요양소, 박물관 등으로 바뀌었어.

러시아 국민들은 모두 이런 급격한 변화를 반겼을까? 실은 그렇지 않았어. 특히 임시 정부를 지지하는 부르주아는 사회주의 혁명에 반발하여 무장봉기를 일으켰어. 그리고 농민들 역시 레닌이 아니라 사회 혁명당을 지지했지. 그 결과 처음으로 치른 국회 의원 선거에서 놀라운 상황이 벌어졌단다. 사회 혁명당이 40퍼센트를 득표한 반면, 레닌의 볼셰비키당은 고작 24퍼센트의 지지를 얻는 데에 그치고 만 거야. 대다수 농민들이 사회 혁명당을 지지했기 때문이야.

레닌은 선거 결과를 보고 몹시 당혹스러워했어.

"선거 결과가 실제 러시아 인민들의 뜻과 맞지 않는군."

레닌은 의회를 해산해 버리고 러시아 공산당을 세워 독재를 시작했어. 공산당이 러시아를 통치하겠다는 뜻이었지. 그러자 러시아 전역에서 레닌의 혁명을 반대하는 세력이 일어나 반란을 일으켰어. 이렇게 혁명 세력과 반혁명 세력이 강하게 충돌하면서 내전이 시작되었지. 러시아 내전은 1917년부터 1922년까지 계속되었어. 레닌의 정부군은 붉은색을 상징으로 써서 '붉은 군대' 또는 '적군'이라고 불렀어. 반대파는 왕을 상징하는 하얀색을 썼으므로 '백군'이라 불렸지. 결국 내전은 레닌이 이끄는 적군의 승리로 끝이 났어.

레닌은 폐허가 된 러시아를 되살리기 위해 '신경제 정책'을 도입했어. 원래 러시아 공산당은 모든 땅이 국가의 소유라고 보았기에 개인이 자기 땅을 가지고 농사를 짓거나 농작물을 팔지 못하게 했지. 사람들은 요령을 피우면서 쉬엄쉬엄 일했어. 뭔가를 애써 생산해 봤자 국가에서 모두 가져갔기 때문이지. 그러자 레닌은 농민이나 노동자가 개인적으로 생산한 물건을 사고팔 수 있도록 정책을 바꿨어. 이것이 바로 레닌의 '신경제 정책'이야. 이 정책을 도입한 이후 건성으로 일하던 농민과 노동자의 태도가 달라졌어. 식량과 생필품의 생산량도 조금씩 늘어났단다.

러시아의 사회주의 혁명은 자본주의와 제국주의에 맞서서 귀족이나 부르주아 같은 지배 세력을 몰아낸 혁명이었어. 그러니 식민지 국가나 유럽의 사회주의 세력이 관심을 가질 수밖에 없었지. 레닌은

> 공산당은 공산주의 사회를 이루려고 하는 정당을 가리킨단다. 공산주의란 개인이 각각 소유하는 사유 재산을 모두 공동 소유로 바꾸어서 빈부의 차이를 없애려는 사상이야.

▲ 코민테른의 의회 개막을 기념해 모인 사람들을 그린 그림

국제 공산당 기구인 '코민테른'을 만들어 세계 각국의 사회주의 운동을 지원했어. 아울러 제국주의에서 벗어나려는 나라들을 적극적으로 도왔지. 이렇게 전 세계에 공산주의가 퍼져 나갔어. 독일에서는 사회주의 공화국을 선포했으며 프랑스에서는 공산당이 결성되었지. 중국과 베트남, 인도네시아 등에서도 공산당이 등장했어. 또한 우리나라의 민족 운동에도 공산당이 큰 영향을 끼쳤단다.

소비에트 사회주의 공화국 연방(소련)

러시아 제국은 오랫동안 영토를 확장한 끝에 140여 개의 소수 민족을 다스리고 있었지. 러시아 혁명이 성공하자 몇몇 소수 민족은 러시아에서 독립하기를 희망했어. 그러나 레닌 정부는 러시아 제국의 영토를 놓치고 싶지 않았어. 그래서 규모가 큰 소수 민족들이 사회주의 국가를 세우도록 한 뒤 연방에 가입시켰어. 이

▲ 소비에트 사회주의 공화국 연방의 국기

것이 바로 1922년 탄생한 '소비에트 사회주의 공화국 연방', 즉 소련이야. 말하자면 우크라이나 소수 민족은 우크라이나 공화국이라는 이름으로 연방에 소속되었던 거야. 처음에 소련은 러시아와 우크라이나, 벨라루스, 트란스코카시아 이렇게 네 개의 공화국으로 구성되었어. 훗날 열한 개 공화국이 추가로 가입하면서 소련은 열다섯 개 공화국으로 구성된 연방이 되었지. 즉 한 지붕 아래 열다섯 가족이 탄생한 셈이었어. 그러나 1991년 공산주의 포기와 공산당 해체를 계기로 각 공화국이 독립을 강행함으로 소련은 급속히 붕괴되었어. 연방 해체 뒤 에스토니아, 라트비아, 리투아니아 삼국을 제외한 열두 개 독립 공화국이 1992년 독립 국가 연합을 형성함으로 소련은 정식으로 해체되었지.

▲ 초기 소비에트 사회주의 공화국 연방의 지폐

📖 세계사가 한눈에 쏙!

01 부르주아와 귀족 계급에 착취당하던 러시아의 노동자들은 사회 개혁을 요구하며 시위를 벌였다. 노동자를 대변하는 러시아 사회 민주 노동당과 농민의 입장에 선 사회 혁명당이 결성되었으나 니콜라이 2세는 러시아 제국의 변화를 바라지 않았다.

02 대규모의 노동자들이 차르에게 자신들의 요구를 전달하고자 평화 시위를 벌였다. 그러나 정부가 시위대를 잔혹하게 진압하면서 '피의 일요일 사건'이 발생했다. 결국 국민 투표로 의회가 구성되었지만 차르의 권력은 여전히 강력했다.

03 러시아의 제1차 세계 대전 참전으로 수많은 군인들이 목숨을 잃었고 나라 경제가 흔들렸다. 노동자와 농민과 군인이 3월 혁명을 일으킨 결과, 러시아 제국이 무너지고 임시 정부가 들어섰다.

04 의회가 수립한 임시 정부는 개혁에 관심이 없었고 그저 전쟁만 계속하려고 했다. 레닌은 11월 혁명을 일으켜 임시 정부를 몰아내고 사회주의 정부를 세웠다.

05 레닌의 혁명에 반대하는 세력이 반란을 일으켜 1917~1922년까지 내전이 일어났다. 내전에서 승리한 레닌은 경제 성장을 위해 자본주의 요소를 도입한 '신경제 정책'을 실시하고 소비에트 사회주의 공화국 연방을 수립했다.

5장
대공황과 독재자

| 대공황의 발생
| 대공황의 극복
| 이탈리아의 파시즘
| 독일의 나치즘
| 소련의 스탈린

1920년대로 접어들자 미국은 '광란의 시대'라 불릴 만큼 생산과 소비가 폭발적으로 늘어났어. 그러나 언제부터인가 물건을 사려는 사람의 수가 점차 줄더니 공장 창고마다 상품이 가득 쌓여 갔어. 급기야 1929년에는 주가 하락을 시작으로 미국이 불황의 긴 터널로 들어갔지. 이를 '대공황'이라고 해. 미국의 대공황은 유럽을 비롯한 전 세계에 큰 영향을 끼쳤어. 독일, 이탈리아, 에스파냐에서도 노동자의 임금은 줄어들고 실업자는 늘어났어. 곳곳에 굶주리는 사람들이 생겨나면서 불만의 목소리가 터져 나왔지. 그러자 전체주의를 앞세우면서 경제를 회복시키겠다는 지도자들이 나타나 인기를 끌었어. 히틀러, 무솔리니, 스탈린과 같은 독재자들이었지. 그들은 국민보다 국가를 우선순위에 두었으며 전쟁도 서슴지 않았단다.

이번 장에서는 대공황을 맞은 세계와 그 혼란 속에서 나타난 독재자들에 대해 알아보도록 하자.

◀ 무솔리니와 히틀러

대공황의 발생

쿵 소리에 놀라 뒤를 돌아본 사람들이 비명을 질렀어. 어떤 남자가 피를 흘리며 길바닥에 쓰러져 있었거든. 1929년 10월 말 즈음하여 고층 건물에서 뛰어내리는 투자자들이 유독 많았어. 몇만 달러에 산 주식이 하루아침에 휴지 조각이 되었기 때문이야. 아무런 쓸모가 없게 된 주식에 좌절하는 사람 천지였지.

1929년 여름만 해도 주식값은 올라가고 있었어. 10월 24일 아침, 주식 가격이 급작스레 20퍼센트나 떨어졌어. 며칠 뒤인 10월 29일에는 모든 주가가 폭락했지. 미국 대공황의 시작이었어.

경제학자들은 공급 과잉과 투기를 대공황의 원인으로 꼽았어. 제1차 세계 대전이 끝난 뒤 뉴욕은 런던을 대신하여 세계 금융의 중심으로 떠올랐어. 미국의 기업들은 유럽과 일본 등에 상품을 팔고 자

> 공황이란 경제 공황의 줄임말로 모든 경제 활동이 혼란에 빠지는 현상을 이른단다. 산업이 침체되고 기업의 파산이 이어지며 실업자가 증가하지.

◀ 실업 수당을 신청하는 노동자들

▼ 굶주린 행상들이 시위하고 있는 모습이야. 플래카드에는 "우리는 실업 보험을 원한다." "노동자의 자녀들을 위해 우유를 무상으로 제공하라.", "부유한 사람들에게 실업자들을 구제하도록 요청하라." 등의 문구가 써 있어.

본을 투자하여 막대한 이윤을 남길 수 있었지. 이 기업들은 이윤을 다시 생산 설비에 투자하여 제품 생산량을 늘렸어. 하지만 생산 설비가 과잉 투자된 데 비해 노동자의 임금은 조금밖에 오르지 않아, 공장마다 창고에 재고가 쌓여만 갔지.

1929년 10월 24일 이른바 '어두운 목요일'에 세계 금융의 중심지인 미국 뉴욕 월가의 주가가 폭락했어. 증권 시장에서 발생한 공황은 순식간에 금융업과 농업, 그리고 공업에 파급되었지. 문을 닫는 은행이 속출하고 농산물 가격이 폭락했어. 공장과 기업이 연쇄적으로 도산하고, 거리마다 실업자와 노숙자가 넘쳐 났으며 굶주리는 사람들도 수두룩했어.

> 은행들이 위태롭다는 소식을 듣고 미국인들은 은행에 저축한 돈을 너도나도 빼 갔어. 그 바람에 수천 개의 은행이 파산했지. 이러한 상황을 '뱅크 런'이라고 불러.

전 세계의 실업자 수는 엄청나게 불어났어. 대공황은 제1차 세계 대전 이후 모처럼 찾아온 세계 평화와 안전에 금이 가게 하고, 민주주의 국가에 좌절을 가져왔어.

대공황의 극복

대공황으로 경제가 휘청거리던 시점에 새로 미국 대통령으로 뽑힌 인물은 뉴욕 출

▲ 경제 상황이 불안해지자 은행에 맡긴 돈을 찾기 위해 모인 사람들

신의 프랭클린 루스벨트였어. 루스벨트는 자본주의를 수정해서 정부가 적극적으로 경제 활동을 조절해 나가는 정책을 실시했는데, 이를 '뉴딜 정책'이라고 해.

뉴딜 정책은 시장 경제 전반에 걸쳐 정부의 개입과 통제의 권한을 증대시키는 것이었어. 우선 기업에서 공산품을 지나치게 많이 생산하지 않도록 관리했어. 심지어 돼지고기 가격이 폭락하는 것을 막기 위해 농장의 새끼 돼지들을 죽이도록 조치할 정도였지. 또한 실업자 감소를 목표로 나무 심기와 산불 끄기, 둑 건설 같은 일자리를 만들어 냈어. 특히 테네시강 유역에 다목적 댐과 발전소를 건설하는 등 대규모 공사를 벌여서 300만 개가 넘는 일자리를 만들어 냈어. 그 결과 미국은 대공황의 그늘에서 서서히 벗어나기 시작했지.

대공황으로 미국의 경제만 무너진 것은 아니었어. 미국에 물건을 수출하거나 빚을 진 나라들은 더욱 쪼들렸어. 독일과 오스트리아의 경우 미국으로의 수출이 줄자 공장들이 차례차례 문을 닫았어. 또 미국이 유럽에 투자한 돈을 회수하자, 영국은 당장 선박 생산에서부터 차질이 생겼어. 1929년에는 500만 톤을 생산했는데, 1931년이 되자 생산량이 반의 반으로 줄어들었지. 프랑스 역시 실업자가 몇 년 사이에 두 배로 늘어났어.

▼ 뉴딜 정책은 루스벨트 대통령이 대공황을 극복하기 위해 추진한 경제 정책이야. 나라에서 대규모의 사업을 벌여 실업자들에게 일자리를 제공했지.

이렇게 경제 공황의 타격을 입은 유럽의 여러 나라는 대책을 강구했지. 영국은 국가 재정을 대폭 줄이고 공업과 농업을 통제하는 등의 정책을 실시하여 공황을 극복해 나갔어. 또한 연방과 본국이 서로 농산물과 공산품에 대하여 특혜 관세를 매기도록 하는 한편, 외국 상품에 대한 관세를 높여 블록 경제를 이루었어. 블록 경제는 나라 안의 무역은 자유롭게 하되 다른 나라에 대해서는 차별 대우를 하여 경제적으로 유리한 관계를 맺는 것이야. 한편 프랑스는 주 40시간 노동제의 실시와 단체 교섭권의 확립 등 노동자의 생활 개선을 추구했어. 또한 영국과 마찬가지로 아프리카 및 아시아의 식민지와 블록 경제를 형성하여 공황을 극복하려 했어.

독일이나 이탈리아는 식민지가 없다 보니 불황을 헤쳐 나가기 막

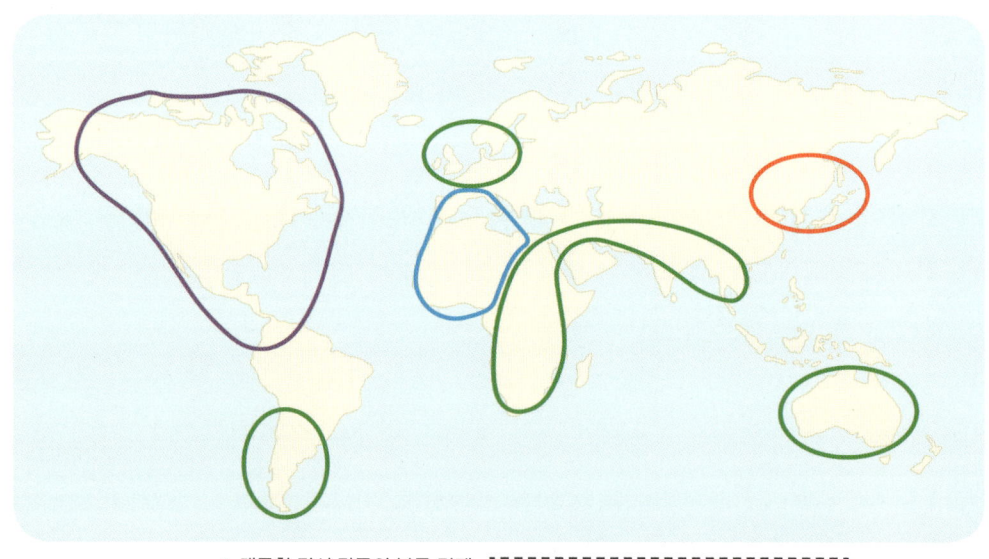

▲ 대공황 당시 각국의 블록 경제　파운드 블록(영국)　프랑 블록(프랑스)　엔 블록(일본)　달러 블록(미국)

막했어. 특히 패전 이후 경제 회복의 상당 부분을 미국의 투자에 의지했던 독일의 피해가 가장 컸지. 실업자는 어마어마하게 늘고 나라는 다시 혼란스러워졌어. 이때 경제를 살리고 나라를 부강하게 만들겠다는 세력이 나타났어. 바로 독일의 아돌프 히틀러, 이탈리아의 베니토 무솔리니, 소련의 이오시프 스탈린 등이었지. 이들은 국가와 민족의 이익을 강조하며 산업화를 이루고 강력한 전체주의 국가를 건설했어.

역사 속 상식 쏙

프랭클린 루스벨트

미국의 정치인 루스벨트는 정치적으로 한창 활발히 활동할 나이인 만 39세에 소아마비에 걸려서 제대로 서 있기도 힘들었어. 그러나 뼈를 깎는 듯한 고통스러운 재활 훈련 끝에 목발을 짚고 걸을 수 있게 되었지. 1928년에는 뉴욕 주지사가 되었고 1932년 대통령 선거에서는 압도적인 표 차이로 허버트 후버 대통령을 이겼어. 루스벨트는 이듬해 열린 대통령 취임식에서 "우리가 두려워할 것은 두려움 그 자체다."라고 연설하며 국민들에게 용기를 북돋워 주었지. 그가 대통령이 되어 공공사업을 확대하며 일자리를 늘린 결과, 1936년 무렵에는 실업률이 줄고 국민 소득이 올라갔어. 한편 루스벨트는 주당 44시간 노동과 최저 임금을 보장하는 정책을 펼쳐서 공산주의자나 사회주의자라는 비난을 받기도 했지. 그럼에도 대공황을 극복했다는 긍정적인 평가를 받으며 재선에 성공했어. 그 뒤로도 계속 대통령 선거에 출마하여 무려 4선까지 성공했지. 루스벨트는 미국 경제를 살려 내고 제2차 세계 대전을 승리로 이끈 주역이라는 평가를 받고 있단다.

▲ 루스벨트

이탈리아의 파시즘

1920년대 초반, 이탈리아 국민들은 불만이 가득했어. 이탈리아 역시 전쟁을 승리로 이끈 연합국이었으므로 한몫 챙길 줄 알았는데 별 볼 일 없는 지역들만 넘겨받았거든. 전쟁에 승리했는데도 이탈리아의 경제가 나아지기는커녕 전쟁 후유증으로 실업자는 늘고 임금은 줄어들었어. 게다가 사회주의자들이 파업과 시위를 일삼는 바람에 나라는 매우 혼란스러웠지.

이때 무솔리니가 나타나 파시스트당을 조직했어. 그리고 '검은 셔츠단'이라는 행동대를 앞세워 시위하거나 파업을 일으키는 사회주의자들을 무자비하게 공격했지. 대다수의 국민들은 혼란이 지겨웠던 터라 무솔리니를 지지하기 시작했어. 거기에는 평범한 노동자와 농민도 포함되어 있었지.

무솔리니는 사회주의를 공격하는 한편, 국가의 이익을 우선하는 전체주의를 주장했어.

"국가가 가장 중요하므로 국가를 떠나는 순간 인간의 존재는 의미가 없습니다. 국민이 국가를 만드는 것이 아니라 국가가 국민을 창조하는 것입니다. 국가의 이익을 위해서는 개인의 자유도 희생해야 합니다. 다들 나, 무솔리니를 중심으로 똘똘 뭉쳐 주십시오. 나는 이탈리아를 고대 로마 제국처럼 강대국으로 만들 자신이 있습니다. 함께 로마로 쳐들

> 파시스트는 라틴어 '파스케스'에서 비롯된 말이야. 파스케스는 고대 로마 제국에서 권력을 상징하는 몽둥이였어.

▲ 무솔리니

어가서 정권을 빼앗읍시다."

무솔리니의 연설에 군중들은 일제히 '로마! 로마!'를 외치며 화답했어. 이탈리아 국민들은 사회주의자가 꿈꾸는 새로운 세상보다는 안정된 사회를 바랐던 거야. 무솔리니와 검은 셔츠단은 국민들의 환호를 받으며 국왕이 살고 있는 로마로 행진했어.

로마로 향했던 검은 셔츠단의 인원은 5만 명 정도에 불과했어. 이탈리아 군대와 경찰을 동원하면 얼마든지 진압할 수 있었지. 그러나 이탈리아 국왕은 무솔리니를 총리로 임명하는 쪽을 택했어. 자칫 내전이 벌어져서 사회를 더욱 혼란스럽게 만드느니 무솔리니를 이용해 사회주의자를 내쫓는 편이 낫겠다고 판단했거든.

▼ 로마로 진군하는 검은 셔츠단

국왕의 생각대로 무솔리니가 총리에 오르자 사회주의 세력은 점차 힘이 약해졌어. 무솔리니의 검은 셔츠단이 사회주의자를 공공연하게 탄압했기 때문이야. 검은 셔츠단은 무솔리니 정권에 반대하는 정치가나 언론인도 무자비하게 공격했지. 심지어 무솔리니는 흉악범에게 검은 셔츠단의 행동 대장을 맡기기도 했어.

권력을 차지한 무솔리니는 선거법을 고쳐서 파시스트당이 의회를 장악하게 만들었어. 급기야 지방 자치제를 없애고 파시스트당 외의 모든 정당을 없애 버렸지. 그러고는 건설부와 외교부, 국방부 등 다양한 부서의 장관직을 모두 본인이 맡았어. 또한 고대 로마처럼 영토를 확장하겠다며 아프리카의 에티오피아를 공격했지. 이 전쟁으로 이탈리아군 1만 명가량이 목숨을 잃었지만 무솔리니는 전혀 아랑곳하지 않았어. 그는 국가의 이익을 위한 개인의 희생은 당연하다고 여겼지. 이러한 파시스트당의 사상을 '파시즘'이라고 해. 파시즘은 자유주의를 부정하고 지배자에 대한 절대적인 복종을 강요했어.

무솔리니의 독재 정치에 대한 우려와 반발은 끊이지 않았어. 그러나 무솔리니를 지지하는 국민들의 목소리도 높았단다. 무솔리니가 남쪽의 땅을 개간해서 식량 생산을 늘린 데다 사회 보장 제도를 강화했거든. 다시 말하자면 정부가 독재를 저지르고 개인의 자유를 빼앗더라도 먹고사는 문제만 해결해 주면 된다고 생각하는 국민들이 많았다는 거야. 그런데 이런 현상은 이탈리아에서만 나타난 것이 아니었어. 이미 유럽 곳곳에 전체주의 사상이 퍼져 나갔거든.

역사 속 재미 쏙

제2회 이탈리아 월드컵

무솔리니는 세계적인 축구 대회인 월드컵을 통해 전체주의를 널리 알리고 싶었어. 그래서 1934년 제2회 월드컵 개최권을 억지로 따냈지. 당시 이탈리아는 경제적으로 월드컵을 치를 만한 형편이 아니었지만, 무솔리니는 대회 경비를 전폭적으로 지원했어. 그리고 온갖 수법을 동원해 이탈리아의 우승을 노렸어. 심판을 매수하고, 대회 운영 방식을 바꿨으며 아르헨티나의 뛰어난 선수를 강제로 귀화시켰지. 국가 대표 선수들에게는 '이기거나 죽거나!'라는 살벌한 전보를 보내기도 했대. 이탈리아 선수들은 에스파냐와 치른 8강전에서 격투기 수준의 격렬한 경기를 선보였어. 경기를 마친 에스파냐 선수는 "졌지만 살아남았다."라고 말했다는구나. 결국 이렇게 반칙을 일삼은 덕에 이탈리아는 우승을 거머쥐었어. 당시 이탈리아 관중들은 "이탈리아를 위해 죽어라."라는 응원 구호를 외쳤단다.

▲ 무솔리니는 월드컵 대회를 파시즘의 선전 도구로 활용했어. 그래서 1934년에 이탈리아에서 열린 월드컵 대회는 역사상 최악의 대회라는 평가를 받기도 해.

독일의 나치즘

"연합국이 우리 독일에 물린 배당금은 지나칩니다. 나는 혼란에 빠진 독일을 구해 낼 것입니다. 여러분에게 일자리와 빵을 제공하겠습니다."

아돌프 히틀러가 주먹을 불끈 쥐며 외치자 독일의 군중은 환호성을 질렀어. 히틀러의 연설은 독일 국민들의 마음을 사로잡았지. 1932년, 독일의 실업자 수는 무려 600만 명에 이르렀어. 미국 대공황의 영향으로 독일의 실업자 수가 불과 2년 만에 두 배로 늘어났던 거야. 상황이 어려웠던 미국이 독일에 빚을 갚으라고 독촉하며 상황은 더욱 심각해졌어. 독일 경제는 점점 더 나락으로 떨어졌고 국민들은 입에 풀칠하기도 어려웠지.

이때 히틀러의 연설은 국민들의 지친 마음을 위로하면서 희망을 불어넣어 주었어. 덕분에 히틀러가 속한 나치당은 국민들의 지지를 얻어 독일에서 가장 큰 정당으로 발돋움했어. 이듬해인 1933년에 힌덴부르크 대통령은 히틀러를 총리로 임명했어. 권력을 얻은 히틀러는 독일에서 세력을 키워 가던 사회주의자들을 모두 체포했어. 그리고 자신을 반대하는 세력을 납치하고 고문하거나 암살했지. 또한 정부의 무능함을 비난하며 의회를 자기 마음대로 주물렀어.

1934년에 힌덴부르크 대통령이 세상을 떠나자 히틀러는 국민 투표를 거쳐 대통령이 되었어. 총리이자 대통령이 된 히틀러는 '총통'이라는 호칭을 얻었지. 총통인 히틀러가 가장 먼저 추진한 것은 경제 발전이었어. 독일의 자동차 전용 고속 도로인 아우토반을 건설하는 등 공공사업을 벌여서 일자리를 만들었지. 그러자 실업자 수가 눈에 띄게 줄어들기 시작했어. 그는 또한 큰 공장에 휴게소와 식당을 설치하는 등 노동 환경을

◀ 나치식 경례 자세를 취하고 있는 히틀러

개선하기도 했지. 아울러 독일 문화를 발전시킨다는 명목으로 연극제와 영화제를 열기도 했단다.

히틀러는 1936년 여름에 독일의 수도 베를린에서 올림픽을 개최했어. 올림픽을 통해 독일 민족과 나치의 우수성을 널리 알리고 싶었던 거야. 그래서 어마어마한 비용을 들여 경기장을 웅장하게 건설하는 동시에, 새로 길을 닦아 도시를 근사하게 꾸몄단다. 그러니 독일인들이 얼마나 뿌듯했겠니? 몇 년 전까지만 해도 가난에 시달리던 나라가 이렇게 성대하게 올림픽을 치르다니!

독일에서 히틀러의 인기는 하늘을 찔렀어. 히틀러는 빵과 일자리를 주었을 뿐만 아니라 독일인의 자존심까지 높여 주었으니까 말이야. 히틀러가 사회주의자들을 탄압하고 체포하는 것에 반대하는 목소리는 쏙 들어가 버렸어. 히틀러는 또한 반유대주의를 펼쳤단다. 반유대주의란 유대인을 배척하고 없애려 하는 사상이야. 히틀러의 인기가 높아지면서 반유대주의에 대한 비판도 사라졌어. 사람들은 나치가 유대인을 일터와 학교에서 쫓아내고 비난해도 모른 척했지.

독일 나치의 유대인 탄압은 날이 갈수록 심해졌어. 1938년에는 파리에서 유대인 청년이 독일 외교관을 암살하는 일까지 있었어. 독일의 유대인 탄압에 대한 항의의 표시였지. 이에 히틀러는 '이 사건에 대한 독일인들의 분노는 당연한 것'이라며 폭력을 부추겼어. 그러자 돌격대와

▲ 1938년, 독일 외교관을 암살한 유대인 청년

친위대 등의 나치 단원이 도끼와 쇠망치로 무장한 채 유대인의 상점과 사원을 파괴하고 주택을 약탈했어. 그 결과 유대인 수백 명이 목숨을 잃었단다.

히틀러와 나치의 폭력은 점점 심해졌어. 독일 국민들은 옆에서 벌어지는 살해와 폭행을 보며 불안에 떨면서도 자신들이 당하지 않았다는 사실에 위안을 얻었지. 그러다 보니 히틀러의 통치 방식에 감히 저항하는 세력이 나올 수가 없었어. 결국 히틀러가 지배하는 독일은 점차 국민이 피와 땀을 바쳐야 하는 전체주의 국가가 되고 말았어. 독일 국민이라면 국가의 이익을 위해서 개인의 자유를 희생하는 것은 당연하다고 믿게 되었지. 히틀러는 이미 1935년에 다음과 같이 선언한 상태였어.

"이제부터 우리 독일은 베르사유 조약을 파기하겠소. 따라서 독일은 군사력을 강화할 것이오."

히틀러는 올림픽 개최를 통해 독일의 평화로운 분위기를 세계에 널리 알리면서도 한편으로는 군대를 늘리고 첨단 무기를 만들며 전쟁을 준비하고 있었지. 1939년에 독일은 약 150만 명의 육군을 비롯해서 전차, 장거리 폭격기, 잠수함 등을 보유한 군사 강대국이 되었어.

베르사유 조약 체결 당시 독일은 패전국이었기 때문에 영토와 국민들을 승전국에 넘겨주는 굴욕을 당했지. 히틀러는 이때 짓밟힌 독일 민족의 자존심을 되찾겠다는 생각으로 전쟁을 준비했어.

역사 속 재미 쏙

〈위대한 독재자〉

영국의 희극 배우인 찰리 채플린은 자신과 히틀러의 외모가 닮았다는 점을 이용하여 1940년에 〈위대한 독재자〉라는 영화의 감독과 주연을 맡았어. 영화는 생김새가 닮은 이발사와 독재자의 이야기를 다루고 있어. 세계 대전에서 패배한 나라에 힌켈이라는 독재자가 나타나. 힌켈과 꼭 닮은 이발사 찰리는 유대인이라는 이유로 수용소로 끌려갔어. 얼마 뒤 찰리가 수용소에서 탈출해 달아나는데, 찰리를 뒤쫓던 돌격대는 때마침 평상복 차림으로 숲속을 거닐던 힌켈을 찰리로 착각하고 체포해 버려. 반면에 장교복을 입고 도망치던 찰리는 자신을 힌켈로 오인한 돌격대의 호위를 받게 돼. 그리고 힌켈 대신 연단에 오른 찰리는 엉뚱하게도 평화의 메시지를 전하지. 채플린은 영화 속의 독재자 힌켈을 우스꽝스럽고 모자란 인물로 표현하며 히틀러를 맘껏 조롱했어. 히틀러는 그 당시 유럽에서 두려움의 존재였지만 채플린은 아랑곳하지 않고 독재자 히틀러의 만행을 비난했단다.

▲ 찰리 채플린의 영화 〈위대한 독재자〉 중 한 장면

소련의 스탈린

러시아의 조그만 마을에서 구슬픈 울음소리가 울려 퍼졌어. 티푸스라는 병에 걸려 숨을 거둔 여인의 장례식 중이었지. 이 여인은 생전에 티푸스 외에도 성격이 고약하고 폭력적인 남편에 시달렸어. 그런데 여인의 남편이 장례식에서 한참 동안 소리 높여 우는 게 아니겠어?

▲ 스탈린

남편은 의아해하는 친구를 향해 눈물을 닦으며 이렇게 말했어.

"내게 마지막으로 남아 있던 인간적인 감정마저 죽고 말았네."

이자가 바로 그 유명한 이오시프 스탈린이야. 훗날 스탈린은 레닌의 신임을 얻어서 볼셰비키 당의 주요한 자리에 올랐어. 그리고 1922년에는 권력의 핵심인 서기장에 선출되었지. 그로부터 2년 뒤 레닌이 세상을 떠나자 스탈린은 자연스럽게 레닌의 후계자로 떠올랐어. 당시 공산당 내부에서는 권력 다툼이 아주 치열했어. 자칫하면 유력 후계자인 스탈린도 밀려날 판이었지. 그래서 스탈린은 어느 정도 공산당을 장악하게 되자 가장 먼저 반대파를 제거하기 시작했어. 자신을 반대하던 세력을 시베리아로 유배를 보내거나 다른 나라로 추방한 거야. 또한 자기 뜻에 거스르는 당원들을 모두 붙잡아서 처형시켰어.

마침내 소련의 일인자가 된 스탈린은 제멋대로 나라를 바꾸기 시작했어. 그중 하나가 소련은 농업 국가에서 중공업 국가로 탈바꿈시키는 것이었지. 스탈린은 소련을 유럽의 강대국이나 미국처럼 공장과 탄광을 많이 가진 나라로 만들고 싶었단다. 그 결과 1928년 소련에서는 레닌의 '신경제 정책' 대신 스탈린의 '경제 개발 5개년 계획'

스탈린이란 필명으로 '강철의 사나이'라는 뜻이야.

이 시작되었어.

　스탈린의 지시는 간단했어.

"공장을 짓고 탄광을 세워라."

　스탈린은 춥고 황량한 시베리아 벌판에 각종 산업 시설을 세우도록 지시했어. 그러고는 수백만 명의 소련 사람들을 데려다 놓고 죽어라 일을 시켰지. 노동자들은 정해진 생산량을 채우지 못할 경우 채찍으로 사정없이 맞아야 했어. 또한 스탈린은 농경지를 집단 농장으로 바꾸었어. 농민들은 집단 농장에서 쉼 없이 일했어. 추수할 때가 되면 국가에서 거의 모든 농산물을 거둬 갔지. 농민들은 허리가 휘도록 농사를 짓고도 배를 곯기 일쑤였단다.

　스탈린이 무자비하게 몰아붙인 경제 개발 5개년 계획의 결과, 공업 도시와 집단 농장이 소련 곳곳에 척척 들어섰어. 소련은 세계 2위의 산업 국가로 성장했지. 그러나 노동자와 농민이 치러야 했던 희생은 너무나도 컸어. 당연히 스탈린의 정책에 불만을 갖는 사람들이 생겨났지. 스탈린은 비밀경찰을 동원하여 자신의 뜻에 반감을 가지

▼ 집단 농장에서 씨를 뿌리고 있는 소련 노동자들

고 있는 공산당원과 군인, 지식인은 물론이고, 농민과 노동자까지 철저히 감시했어.

그러던 중 1934년, 공산당 지도자인 세르게이 키로프가 암살당하는 사건이 발생해. 1936년 스탈린은 이 사건과 관련된 인물들을 대거 총살했어. 이른바 대숙청이 시작된 거야. 총살 사건과 직접적인 관계가 없더라도 스탈린에게 불만을 표하거나 공산당의 명령에 따르지 않은 사람들은 모두 제거했어. 또한 소수 민족과 지식인들도 숙청 대상이었지. 이 대숙청으로 사망한 사람은 대략 95만 명에서 120만 명에 이를 것으로 추정되고 있어.

1936년에 레닌의 아내이자 교육학자인 크룹스카야는 모스크바에서 열린 재판을 보고 나온 뒤 이런 말을 남겼단다.

"레닌이 오래 살았다면 레닌 역시 감옥에 갔을 겁니다."

이러한 공포 정치는 스탈린이 사망할 때까지 이어졌어. 강제 수용소로 끌려간 사람만 수천만 명에 이르렀지. 거기에는 정치인뿐만 아니라 지식인과 노동자, 심지어 스탈린의 주치의까지 포함되어 있었다는구나.

스탈린은 나이가 들자 자신을 치료하는 의사들까지 의심하기 시작했어. 혹시라도 자신을 살해할지 모른다는 생각에 사로잡혀 주치의들을 체포하고 고문하기도 했대.

역사 속 재미 쏙

《이반 데니소비치의 하루》

작가 알렉사드르 솔제니친은 개인적인 편지에 스탈린을 비웃는 글을 썼다는 이유로 8년 동안이나 강제 수용소에 갇혀 있었어. 1953년에 스탈린이 사망하고서야 수용소에서 풀려났지. 몇 년 뒤 솔제니친은 자신의 경험담을 바탕으로 《이반 데니소비치의 하루》라는 소설을 발표하며, 주인공 슈호프를 통해 수용소의 삶을 생생하게 묘사했어.

▲ 솔제니친

"비밀경찰들은 시도 때도 없이 들이닥친다. 낮과 밤이 따로 없다. 소련 사람들은 언제 어디에서 그들에게 잡혀갈지 알 수 없었다. 감옥이나 강제 수용소에 끌려온 죄수들은 자신이 무슨 죄를 지었는지 모르기 일쑤였다."

솔제니친이 소설로 재현한 강제 수용소는 인간 이하의 삶을 살아가는 곳이었어.

"새벽 5시. 언제나 그렇듯 기상 신호가 울렸다. 슈호프는 행여나 하고 뿌옇게 얼어붙은 유리관을 곁눈질해서 보았다. 만일 온도계가 영하 41도 이하를 가리킨다면 작업장에 끌려 나가지 않아도 되기 때문이다. (……) 그의 형기가 시작된 때부터 끝날 때까지 약 10년 동안 이런 날들이 이어졌다. 그러니까 3,653일이나 계속되었다."

📖 세계사가 한눈에 쏙!

01 제1차 세계 대전 이후 뉴욕은 세계 금융의 중심으로 떠올랐다. 미국의 기업들은 유럽과 일본 등에 상품을 팔고 자본을 투자하여 막대한 이윤을 남겼다.

02 1929년, 주가가 급격히 떨어지기 시작하면서 미국 경제가 휘청거렸다. 실업자와 노숙자가 늘어났고 굶주리는 사람들도 생겨났다. 미국의 대공황은 세계 경제에도 영향을 끼쳤다. 미국으로의 수출이 줄어들자 유럽 각국의 공장들은 문을 닫았고 수많은 실업자가 발생했다.

03 전쟁 후유증을 앓던 이탈리아에서 사회주의자들의 파업과 시위가 잦아지자 무솔리니가 조직한 파시스트당이 사회주의자를 공격하며 정권을 잡았다. 무솔리니는 국가의 이익을 위해 개인의 희생은 당연하다고 주장하며 파시스트당 이외의 모든 정당을 없애고 권력을 마음대로 휘둘렀다.

04 세계 경제 대공황의 영향으로 특히 피해가 컸던 독일에서는 히틀러가 나타나 일자리와 빵을 주겠다고 약속하며 국민의 지지를 얻었다. 히틀러는 사회주의자들을 모두 체포하고 의회를 자기 마음대로 주물렀다. 이후 총통의 자리까지 오른 히틀러는 개인보다 국가의 이익이 우선이라는 전체주의를 주장하며 유대인을 학살하고 전쟁을 준비했다.

05 레닌의 후계자가 된 스탈린은 신경제 정책이 아닌 경제 개발 5개년 계획을 실시했다. 이에 소련 사람들은 황량한 벌판에 공장과 광산을 세워야 했고, 집단 농장에서 일해야만 했다. 스탈린은 자신의 뜻을 거스르는 사람들을 사형시키거나 강제 수용소로 보냈다.

6장
제2차 세계 대전

| 제2차 세계 대전의 배경
| 제2차 세계 대전의 전개
| 중일 전쟁과 태평양 전쟁
| 제2차 세계 대전의 종결
| 제2차 세계 대전의 결과와 전후 처리

전 세계를 휩쓴 제2차 세계 대전으로 자그마치 6000만 명이 넘는 사람이 목숨을 잃었어. 인류 역사상 가장 많은 희생자를 낸 끔찍한 전쟁이었지. 게다가 사망자 중에 약 4000만 명이 민간인이었어. 이렇게 많은 민간인이 희생된 데에는 질병과 굶주림 외에도 당대에 확산되었던 인종주의를 꼽을 수 있어. 파시즘·나치즘 체제에서 이루어진 학살이라는 비인간적인 행위로 민간인 희생자가 많았던 거야. 1939년부터 1945년까지 이어진 제2차 세계 대전은 연합국의 승리로 끝났지만 패전국뿐만 아니라 승전국에도 엄청난 피해를 안겨 주었어.

그럼 제2차 세계 대전이 왜 일어났고 어떻게 전개되었는지 살펴보자.

▼ 독일의 한 도시를 폭격하는 미국 전투기

제2차 세계 대전의 배경

"나는 폴란드 소령이다. 위대한 폴란드는 지금 독일을 향해 진격을 개시했다. 폴란드의 모든 시민들은 전쟁에 임하라."

폴란드의 라디오에서 갑자기 전쟁을 알리는 방송이 흘러나왔어. 폴란드가 독일에 선전 포고를 하는 내용이었어. 다음 날 새벽인 1939년 9월 1일에 독일군은 일제히 폴란드 국경을 넘었어. 제2차 세계 대전의 시작이었지. 폴란드는 독일의 공격에 속수무책으로 당하다가 한 달 만에 항복했어. 이후 폴란드의 선전 포고 방송은 폴란드를 침공하기 위한 독일의 공작이었다는 것이 밝혀졌지. 독일이 왜 그런 공작을 했냐고? 폴란드를 공격할 명분이 필요했기 때문이야.

독일의 전쟁 준비는 이전부터 진행되고 있었어. 히틀러는 전쟁을 해서라도 영토를 넓힐 생각이었어. 따라서 1936년에 이탈리아와 '추축 동맹'을 미리 맺어 둔 상태였어. 독일은 오스트리아에 합병을 제안했어. 오스트리아는 제1차 세계 대전에 패한 뒤 영토와 인구가 크게 줄어들었어. 게다가 거액의 전쟁 배상금까지 갚아야 해서 경제적으로 어려운 상태였지. 대다수의 오스트리아 국민은 차라리 독일과 합병하는 편이 낫다고 생각했어. 오스트리아 수상이 사임한 뒤 국민들이 직접 투표하여 두 나라의 합병이 결정되었어.

독일은 오스트리아를 합병한 것만으로는 성에 차지 않았어. 그래서 이번엔 체코슬로바키아에 북서부에 있는 수데텐 지방을 내놓지 않으면 당장 쳐들어가겠다고 으름장을 놓았지. 영국과 프랑스는 또

추축은 중심이라는 뜻인데, 무솔리니가 "유럽의 국제 관계는 이탈리아와 독일을 추축으로 삼아 바뀔 것이다."라고 연설한 이후로 추축국이라는 말이 생겼어.

다시 전쟁이 일어날까 봐 부랴부랴 독일로 날아가 히틀러·무솔리니와 뮌헨 회담을 나누었어. 그런데 뮌헨 협정의 결과는 모두의 예상을 깨는 것이었어. 놀랍게도 영국과 프랑스가 독일의 요구 조건을 그대로 받아들였던 거야. 더 이상의 영토를 요구하지 않는다는 조건으로 수데텐 지방을 독일에 넘겨준 거지. 뮌헨 협정에 대해 영국인들이 반발하자 네빌 체임벌린 영국 총리는 이렇게 연설했어.

"나는 이번 회담이 서로 전쟁을 하지 말자는 양쪽 국민의 간절한 소망을 잘 담아낸 것이라고 생각합니다. 양쪽 국민이 전쟁을 원하지 않는다는 것은 무엇보다 확실합니다. 체코슬로바키아 문제로 위험한 사태가 발생할 뻔했습니다. 다행히 문제가 잘 해결되었으니 모든 것이 바른길로 한 발짝 나아갈 수 있으리라 생각합니다."

그러나 이것은 체임벌린 총리의 착각이었어. 그로부터 6개월이 지나자 독일이 체코슬로바키아의 남은 영토까지 몽땅 차지해 버렸거든. 그리고 폴란드에 대해 단치히(그단스크)와 회랑 지대를 요구했어. 영국과 프랑스는 제1차 세계 대전의 반복은 막아야 한다는 생각에 폴란드, 루마

▲ 뮌헨 협정 체결 기념사진이야. 왼쪽부터 영국 총리 체임벌린, 프랑스 수상 달라디에, 독일 총통 히틀러, 이탈리아 수상 무솔리니, 그리고 이탈리아 외상 치아노가 서 있어. 뮌헨 회담에는 영국과 프랑스, 독일, 이탈리아 정상이 참석했어. 정작 영토를 잃게 된 체코슬로바키아 대표는 이 회의에 참석하지도 못했지.

니아, 그리스 삼국과 조약을 체결하고 독일의 요구를 거절했어. 독일이 한 가지 염려한 것은 소련이었지. 스탈린 치하에서 막강해진 소련과 전쟁이라도 벌이면 타격이 클 수밖에 없을 테니까 말이야.

독일은 비밀리에 소련과 불가침 조약을 맺었어. 독일이 폴란드 분할 및 전쟁을 할 경우 서로 중립을 지킬 것을 내용으로 하는 조약이었지. 1939년 8월 23일의 일이었어. 그로부터 일주일 뒤 독일은 폴란드가 선전 포고했다는 거짓 정보를 만들어 전쟁에 돌입했어. 새벽에 독일 폭격기들이 폴란드의 수도 바르샤바에 폭탄을 터뜨렸고 독일 탱크들은 폴란드 병사들을 향해 돌진했던 거야. 게다가 소련군까지 동쪽에서 폴란드를 공격하기 시작했단다. 양쪽으로 공격

▲ 모스크바에서 만난 독일과 소련의 외무 장관이 양국 서로가 침략하지 않겠다고 합의한 서류에 서명하고 있는 사진

◀ 독일의 폴란드 침공

을 받던 폴란드는 바람 앞의 등불처럼 위태로운 신세가 되고 말았어.

이번에는 영국과 프랑스도 가만있을 수가 없었어. 두 나라는 독일의 히틀러 정부에 선전 포고를 했어. 그러나 독일은 이에 아랑곳하지 않고 폴란드를 쑥대밭으로 만들었어. 결국 전쟁이 일어난 지 한 달 만에 폴란드는 독일에 항복하고 말았단다. 그러나 폴란드의 항복은 시작일 뿐이었어. 수많은 나라가 줄지어 독일에 항복했어. 전 세계는 또다시 끔찍한 전쟁에 휩싸이고 말았어.

◀ 독일의 폴란드 바르샤바 폭격

역사 속 상식 쏙

〈사운드 오브 뮤직〉

아름다운 오스트리아를 배경으로 하는 〈사운드 오브 뮤직〉은 주옥같은 명곡들이 돋보이는 뮤지컬 영화야. 견습 수녀인 마리아가 폰 트랩 대령과 일곱 남매의 상처를 노래로 치유해 준다는 이야기를 담고 있지. 영화 도중에는 독일군이 폰 트랩 대령을 찾아와 "왜 나치 깃발을 달지 않느냐?"라고 따지는 장면이 나온단다. 독일이 오스트리아를 합병한 시기가 이 영화 속의 시대 배경이기 때문이야. 심지어 폰 트랩 대령은 독일 나치로부터 전쟁에 참가하라는 명령도 받게 돼. 실제로 오스트리아 국민들은 독일의 강요로 전쟁터에 끌려갔지. 영화의 마지막 장면에서 폰 트랩 대령은 가족을 이끌고 오스트리아를 탈출한단다. 놀랍게도 이 영화는 폰 트랩 대령 가족의 실화를 토대로 만들어졌다는구나.

제2차 세계 대전의 전개

독일은 사회주의 국가인 소련을 싫어했어. 소련 역시 전체주의 국가인 독일을 못마땅하게 생각했지. 그러던 두 나라가 손을 잡고 유럽 곳곳을 공격하기 시작했어. 소련은 먼저 핀란드를 차지했단다. 독일은 덴마크와 노르웨이를 수중에 넣더니 곧이어 벨기에, 네덜란드, 룩셈부르크까지 집어삼켰지. 그리고 약 한 달 뒤에는 프랑스 국경선을 돌파하고 파리까지 점령했어. 제1차 세계 대전 때 4년이 넘도록 파리를 점령하지 못했던 모습과 비교하면 정말 놀랍지?

그렇게 프랑스 영토 3분의 2가 독일군 손에 들어갔어. 1940년 6월

14일, 프랑스 정부는 부랴부랴 독일과 휴전 협정을 체결했어. 협정의 내용은 다음과 같아.

"파리를 포함한 프랑스 북부는 독일이 통치하며 그 밖의 지역에서만 프랑스가 주권을 행사한다."

독일은 이제 슬슬 전쟁을 마무리 지어야겠다고 생각했어. 그래서 아직 버티고 있는 영국을 상대로 총공격을 퍼붓기 시작했지. 독일의 전투기들이 영국을 공습했어. 심지어 전투 지역이 아닌 민간인 거주 지역에도 폭탄을 떨어뜨렸어. 이에 질세라 영국도 독일의 베를린을 폭격했단다.

히틀러는 잔뜩 화가 난 목소리로 독일 국민들에게 연설했어.

"어젯밤, 영국 놈들은 베를린에 폭탄을 떨어뜨렸습니다. 우리는 영국에 열 배, 백 배, 천 배의 폭탄을 떨어트릴 것입니다. 그들의 도시를 하나도 남기지 않고 잿더미로 만들어 버리겠습니다."

▼ 독일에 폭격을 당한 영국 런던 동부의 지역을 방문한 영국 총리 윈스턴 처칠

사실 영국은 독일에 비해 전투기의 수가 훨씬 적었어. 그렇지만 영국에는 유리한 점이 두 가지 있었지. 첫째, 영국은 레이더를 보유하고 있어서 독일 공군의 움직임을 미리 알아차릴 수 있었어. 둘째, 독일의 암호를 모두 해독할 수 있었단다. 그러니 독일은 영국을 이기기가 쉽지 않았지.

> 레이더는 전파가 물체에 반사되는 원리를 이용해 그 대상의 크기와 거리를 알아내는 장치야.

프랑스가 독일에 항복하고 석 달쯤 지났을 때 히틀러가 명령을 내렸어.

"영국 전투기들을 공중전으로 끌어내 다 부숴 버려라."

독일은 대규모 전투기를 이끌고 영국으로 향했어. 하지만 영국은 레이더를 이용해 독일 전투기가 접근하는 것을 미리 알고 있었어. 영국군의 병력은 독일의 절반 정도에도 못 미쳤지만 독일군과 맞서 열심히 싸웠어. 영국 공군의 끈질긴 저항에 독일 전투기의 피해는 계속 커지기만 했지. 영국 전투기가 한 대 떨어질 때 독일 폭격기나 전투기는 세 대씩 떨어졌거든. 더구나 낙하산을 타고 탈출한 영국 조종사들은 곧장 다시 전투에 투입되었지만 독일 조종사들은 포

▼ 제2차 세계 대전에서 크게 활약한 영국 전투기 모스키토야. 가볍고 빠른 움직임이 특징이지.

로로 붙잡혔어. 결국 독일은 영국을 공습한 지 4개월 만에 영국 상공에서 물러나고 말았지. 영국군의 완벽한 승리였단다.

히틀러는 결국 영국 침공을 뒤로 미루기로 결정했어. 대신 동맹을 맺은 추축국 이탈리아를 지원하여 그리스를 정복했어. 아울러 유고슬라비아로부터 항복을 받아 냈고, 이탈리아와 힘을 합쳐 북아프리카까지 공격했어.

오스트레일리아와 뉴질랜드, 캐나다 등 영국 연방 국가들이 전쟁에 참가하며 연합군을 지원했어.

독일은 연달아 승리했지만 전쟁은 쉽게 끝나지 않았어. 영국이 끈질기게 버티고 있었기 때문이야. 게다가 영국의 식민지와 영국 연방 국가들 또한 독일에 선전 포고를 하고는 연합군에 병력과 물자를 지원했어. 전쟁은 예상보다 길어졌고 독일군의 식량, 군수 물자, 석유 등은 서서히 바닥을 드러내고 있었어. 이제 독일은 소련의 자원이라도 가져와야겠다고 생각했지. 비록 서로 침략하지 않겠다고 조약을 맺었지만 전쟁 물자가 급했던 독일에 그까짓 조약은 중요하지 않았어. 1941년 6월, 독일군은 소련으로 쳐들어가 전쟁을 시작했어.

독일군은 소련군의 점령 지역인 에스토니아와 라트비아로 물밀듯 밀려갔어. 독일군의 규모는 약 300만 명의 병력에 2,700여 대의 항공기와 3,400여 대의 전차를 동원할 정도로 엄청났어. 항공기와 전차를 앞세운 독일군

▲ 독일의 소련 침공

은 거침없이 소련으로 진격해 나갔어. 소련군은 독일군의 기세에 눌려 후퇴를 거듭했지. 독일군은 마침내 소련의 새 수도인 모스크바 근처까지 이르렀단다. 결국 소련은 독일을 물리치기 위해 적이었던 연합군과 손을 잡았어. 여기에 일본의 진주만 공습을 계기로 미국까지 연합국에 가세하면서 전쟁의 판도가 완전히 뒤바뀌었지.

역사 속 상식 쏙

레닌그라드 전투

히틀러는 유대인뿐만 아니라 슬라브족도 혐오했어. 히틀러의 주장에 따르면 러시아와 동유럽에 주로 분포한 슬라브족들은 열등한 민족이었지. 그래서 히틀러는 소련을 침공했을 때 군인과 민간인을 가리지 않고 모두 죽이라는 명령을 내렸어. 서유럽을 공격할 때와는 전혀 다른 태도였지. 전쟁이 벌어지는 동안 소련은 지옥으로 변해 갔어. 특히 소련의 레닌그라드는 끔찍한 피해를 입었단다. 레닌그라드는 지금의 상트페테르부르크의 옛 이름으로, 소련 역사상 상징성이 크고 경제적으로도 중요한 도시지. 1941년 독일군은 레닌그라드를 포위하고 모든 물자의 보급로를 막아 버렸어. 레닌그라드에는 전쟁을 위한 무기는 물론이고 시민들이 먹을 식량도 없었지. 겨울이 닥치며 기온이 영하 30도 아래로 떨어지자 봉쇄된 레닌그라드에서는 매일 1,000여 명씩 죽어 나갔어. 워낙 많은 사람들이 길거리에서 죽어 가니 시체를 봐도 무덤덤할 지경이었지. 생존자들은 새나 쥐, 곤충 등을 잡아먹었고 가죽으로 만든 신발이나 가방을 끓여 먹기도 했다는구나. 독일군의 레닌그라드 포위가 약 900일 동안 이어지는 바람에 자그마치 100만 명 이상의 시민들이 목숨을 잃었다고 해.

▲ 레닌그라드 전투의 사상자들

중일 전쟁과 태평양 전쟁

베이징 남서쪽에는 루거우차오라는 아름다운 다리가 있단다. 1937년에 일본군과 중국군은 루거우차오를 가운데 둔 채 서로 맞서고 있었어. 어느 날 몇 발의 총소리가 났고 그 뒤 일본군 병사 한 명이 루거우차오 근처에서 감쪽같이 사라지는 일이 있었지. 일본군은 중국군이 일본 병사를 죽인 게 분명하다고 주장했어. 얼마 뒤 일본 병사는 돌아왔지만 일본군은 이 사건을 핑계 삼아 루거우차오를 건너 중국군을 공격했어. 중국군도 당하고만 있을 수는 없었기에 반격을 했어. 그러자 일본군은 군대를 총동원하여 대대적인 공격을 퍼부었지. 이렇게 중일 전쟁이 시작되었던 거야.

중국의 난징을 점령한 일본군은 약 6주 동안 사람을 죽이고 건물에 불을 질렀어. 약 30만 명의 중국인이 잔인하게 살해되었으며 건물은 거의 다 파괴되었어.

일본은 중국을 차례차례 점령했어. 또한 베이징과 톈진에 이어 당시 수도였던 난징까지 함락시키며 각종 공업 도시를 손에 넣었어. 수십만 명의 민간인이 일본 군인들에게 처참하게 학살당했어. 중국의 피해는 그뿐만이 아니었지. 주요 철도와 항구를 빼앗기는 바람에 무기를 들여오기도 힘들어졌어.

그러나 일본의 예상을 뒤엎고 중국군의 반격이 이어졌어. 대립하던 국민당과 공산당이 합세한 중국군은 곳곳에서 일본군을 무찔렀어. 중일 전쟁이 길어지자 일본군은 군수 물자가 부족해졌지. 1938년에

◀ 중일 전쟁

일본은 '국가 총동원법'을 만든 뒤 어른, 아이 가릴 것 없이 닥치는 대로 전쟁터로 끌고 가기 시작했어. 또한 쌀이나 철 등 전쟁에 필요한 물자도 마음대로 가져갔어. 이러한 국가 총동원법은 일본에서만 해당되는 일이 아니었어. 일본은 우리나라와 타이완 등의 식민지에서도 인력과 물자를 수탈하기 시작했어.

이렇게 일본이 중국을 손아귀에 넣으려고 총력을 기울일 때 제2차 세계 대전이 터졌어. 일본은 독일, 이탈리아와 베를린에서 군사 동맹을 맺었어. 서로의 식민지 점령을 눈감아 주겠다는 내용이 담겨 있었지. 일본은 영국과 프랑스의 식민지인 동남아시아로 손을 뻗기 시작했어. 그리고 프랑스의 식민지인 인도차이나 북부를 점령했어. 미국은 일본이 동남아시아까지 세력을 넓히는 것을 바라지 않았기에 일본에 "당장 인도차이나반도에서 철수하라."라고 으름장을 놓았어. 아울러 일본에 석유 수출을 금지했지.

일본은 다급해졌어. 당장 석유를 수입하지 못하면 전쟁을 치르기가 힘들어지기 때문이었지. 그래서 미국에 협상을 요청했지만 미국은 받아들이지 않았어.

당시 일본 총리였던 도조 히데키는 히로히토 천황을 설득했어.

"우리 대일본 제국이 지금 미국의 코를 납작하게 만들어 놓지 않으면 일본은 세계적인 대국으로 발돋움하기 어려워집니다. 어서 빨

▲ 도조 히데키

도조 히데키는 일본의 군국주의자야. 태평양 전쟁을 일으켰으며 조선에서 징병제를 실시했어. 전쟁이 끝난 뒤 군사 재판에서 A급 전쟁 범죄자라는 판결을 받고 사형당했어.

▲ 진주만 공습으로 불타고 있는 미국 함선

리 미국을 공격해야 합니다. 태평양의 하와이섬에 있는 미국의 해군 기지를 공습할 수 있도록 허락해 주십시오."

1941년 12월 7일, 고요한 일요일 아침이었어. 하와이 진주만에 정박해 있던 미국 함대의 병사들은 느긋하게 아침 식사를 하던 중이었지. 우연히 하늘을 쳐다본 병사들은 북쪽 하늘에서 빠르게 움직이는 까만 점들을 보았어. 그것은 진주만의 사탕수수밭 언덕을 넘어 날아오는 일본의 전투기들이었어. 진주만 해군 기지는 곧 엄청난 폭발을 일으키며 검은 연기에 휩싸였어. 미군 전함이 일본 잠수함의 어뢰를 맞고 가라앉는 바람에 수천 명의 병사가 물에 빠져 사망하고 말았지. 잠시 뒤 또 다른 일본군 폭격기가 벌 떼처럼 몰려왔어. 이번에도 폭탄이 비처럼 쏟아졌어.

일본군의 기습 공격은 고작 두 시간에 불과했지만 미국의 희생은 어마어마했어. 손쓸 새도 없이 정박해 있던 전함과 전투기가 파괴되었어. 그리고 수많은 미국 병사들이 목숨을 잃었단다. 일본군 사령부는 진주만 공습의 성공 소식에 환호성을 질렀어. 그러나 진주만 공격으로 일본의 운명은 뒤바뀌게 되었어.

　미국인들은 뒤집힌 채 불타오르는 전함들과 죽어 가는 병사들의 사진을 신문에서 보고 분노와 경악을 금치 못했지.

　루스벨트 대통령은 진주만 공습에 대해 이렇게 말했어.

　"치욕의 날이다!"

　사실 미국은 제2차 세계 대전을 강 건너 불구경하듯 바라보고 있었어. 다른 나라 일에 끼어들어서 좋을 게 없다고 생각했거든. 그러나 더는 가만히 있을 수 없게 되었어. 미국 의회는 일본에 선전 포고를 했어. 이로써 미국과 일본은 태평양에서 전쟁을 벌이게 되었단다.

조선 여자 근로 정신대

일본은 중일 전쟁과 태평양 전쟁 당시 국가 총동원법을 내세우며 조선인을 강제 동원했어. 그중에는 '위안부'로 끌려가 일본 군인들에게 성폭력은 물론, 심한 고문과 폭행을 당한 여성들도 많았어. '조선 여자 근로 정신대' 역시 또 다른 피해자들이란다. 조선 여자 근로 정신대는 12세 이상 40세 미만의 미혼 여성들을 대상으로 모집되었어. 약 7만 명에 이르는 여성들이 일본 미쓰비시 기업의 군수품 생산 공장으로 끌려가서 하루 종일 군수 물자를 만들어야만 했지. 여성들은 아침에 된장국과 식빵 반쪽을 받았고 저녁에는 단무지 세 조각과 조그만 밥 한 덩이를 배급받았어. 그것조차 받지 못할 때면 너무나도 배가 고파 길가의 풀을 뜯어 먹었다는구나. 2018년에 우리나라 대법원은 미쓰비시 중공업이 여자 근로 정신대 피해자 다섯 명에게 1인당 1억 2000만 원 정도의 위자료를 지급해야 한다고 판결했어. 그러나 일본과 미쓰비시 중공업은 판결을 받아들이지 않았어. 사과는커녕 보상도 제대로 받지 못한 피해자들 심정이 어떨지 상상이 되니?

제2차 세계 대전의 종결

미국이 참전하면서 연합국은 큰 힘을 얻었어. 곧이어 유럽과 아프리카, 태평양에서 연합국의 승전 소식이 속속 들려왔어. 미국은 일본과 전쟁 중이던 중국을 지원해 주는 동시에 최첨단 무기로 일본을 공격했어. 이제 일본은 중국과 미국 두 나라를 상대로 싸워야 했지. 그러다 보니 일본군의 기세는 점점 약해질 수밖에 없었어. 이런 와중에 하와이 제도 근처에 있는 미드웨이 제도에서 미국과 일본이 대규모 해전을 벌였어. 일본 해군은 그곳에서 회복되기 어려울 만큼 큰 타격을 입었어.

독일 역시 소련에서 고전을 면치 못했어. 독일군은 스탈린그라드를 점령한 뒤 석유가 풍부한 캅카스산맥으로 향할 작정이었어. 그러나 독일군은 스탈린그라드에서 발목을 붙잡혔어. 소련군이 끈질기게 버티며 독일군을 공격했기 때문이야. 히틀러가 600대의 전투기를 투입해 스탈린그라드를 폭격했지만 소련군은 끝까지 저항했어. 결국 독일군이 물러서면서 스탈린그라드 전투는 소련군의 승리로 돌아갔어.

스탈린그라드 전투의 패배는 독일에 치명적이었어. 연합군 측은

6개월 동안 벌어진 스탈린그라드 전투로 소련에서는 약 200만 명의 사상자가 발생했어. 그중에는 독일의 폭격기로 사망한 4만여 명의 민간인도 포함되었지. 스탈린그라드 전투는 전쟁 역사상 가장 참혹했던 전투 중 하나로 꼽히고 있어.

▼ 스탈린그라드에서 전투를 준비하는 소련군

사기가 오른 채 독일, 이탈리아, 일본을 몰아붙였어. 이탈리아는 북아프리카에서 영국군에게 패한 뒤 시칠리아섬까지 연합군에게 빼앗겼어. 1943년에 이탈리아의 국왕은 무솔리니를 총리직에서 쫓아낸 뒤 항복을 선언했어.

▲ 노르망디 상륙 작전

1944년, 전세가 기울었지만 독일은 항복할 생각이 전혀 없었어. 이에 연합군은 프랑스 노르망디 해안으로 침투하여 독일군을 공격하기로 작전을 짰어. 6월 6일, 드디어 노르망디 상륙 작전이 시작되었어. 연합군 총사령관인 아이젠하워의 목소리가 라디오를 통해 흘러나왔어.

"연합군의 육해공군 장병 여러분, 지금 세계의 시선은 여러분에게 쏠려 있습니다. 자유를 사랑하는 사람들의 희망과 기도는 여러분과 함께 진군할 것입니다."

대규모 연합군이 노르망디 앞바다에 이르렀어. 독일군은 해안으로 돌진하는 연합군 병사들에게 기관총과 대포를 마구 쏘아 댔단다. 단 하루만에 5천여 명의 연합군이 목숨을 잃었지만 노르망디 상륙 작전은 성공했어. 연합군은 독일군을 파리에서 몰아낸 뒤 독일로 진격했어. 마침 소련군 역시 동쪽에서 베를린을 향해 다가오고 있었지.

1945년 4월 30일, 연합군이 베를린 시내에 도착하여 전투를 벌이자 히틀러는 결국 지하 벙커에서 권총으로 자살했어. 그리고 지도자

▲ 가미카제 공격을 받은 미국 해군

를 잃은 독일은 일주일 뒤 정식으로 항복했어. 이제 남은 것은 일본뿐이었지. 미국은 일본이 차지했던 태평양 일대의 섬들을 다시 하나하나 되찾았어. 그러자 궁지에 몰린 일본은 극단적인 행동을 취했단다.

1944년 사이판이 미국에 점령당하자 일본은 약 2만 명에 이르는 일본 민간인에게 자살을 강요했지. 또한 공군에는 폭탄을 안고 적에게 뛰어드는 작전을 수행하도록 명령했단다. 전투기에 쓸 연료와 탄약이 부족하다는 이유를 들어서 말이야. 그런데도 일본 조종사들은 돌아올 때 사용할 기름 대신 폭탄을 전투기에 잔뜩 실은 뒤 미국 함대로 곧장 돌진했어. 이렇게 무모한 자살 공격을 시도한 일본의 병사들을 '가미카제(신이 일으키는 바람)'라고 불러.

일본은 이렇게 끈질기게 버텼지만 패배는 점차 확실해졌어. 독일까지 항복하자 연합국은 일본을 더욱 강하게 몰아붙였어. 그러나 일본은 끝까지 저항했단다.

당시 영국 총리 윈스턴 처칠은 항복을 거부하는 일본을 보며 이렇게 말했어.

"일본을 점령하려면 미국인 100만 명과 영국인 50만 명이 전사할 것이다."

결국 미국은 일본을 단숨에 굴복시킬 마지막 방법을 꺼내 들었어. 바로 원자 폭탄이었지. 사흘 간격으로 히로시마와 나가사키에 원자 폭탄이 한 발씩 떨어졌어. 결국 1945년 8월 15일, 일본은 무조건 항복을 선언했어. 이로써 끔찍하고 고통스러운 제2차 세계 대전이 끝났어.

▲ 나가사키 원자 폭탄 투하

역사 속 상식 쏙

드레스덴 폭격

전쟁을 일으킨 독일 역시 전쟁으로 큰 피해를 입었어. 특히 세계적으로 아름다운 도시로 손꼽히던 독일 드레스덴의 모습은 며칠 만에 감쪽같이 사라졌어.

▲ 드레스덴 폭격

1945년 2월 13일에서 15일까지 이뤄진 연합군의 공습 때문이었지. 영국의 폭격기 700대와 미국의 폭격기 500대가 사정없이 폭탄을 떨어트린 탓에 도심 전체가 불바다로 변해 버린 거야. 사망자는 2만 5,000명에서 4만 5,000명으로 추정되고 있어. 사망자의 수를 정확히 파악하지 못하는 이유는 건물 아래 묻히거나 불길에 휩싸인 시신들이 많았기 때문이야.

당시 연합군은 드레스덴에 군수 물자를 생산하는 공장이 있다는 이유로 무차별 폭격을 감행했어. 그러나 이후 드레스덴은 군수 공장보다 민간인 거주지가 많았던 곳이라는 사실이 밝혀졌어. 연합군의 드레스덴 폭격은 큰 논란거리가 되었지. 심지어 영국의 수상인 윈스턴 처칠조차 폭격의 필요성에 의문을 던졌단다. 당시 드레스덴 폭격을 지휘했던 아서 해리스 장군은 비난이 쏟아지자 이와 같이 말했어. "사람을 죽이는 것이 나에게 맡겨진 임무다."

제2차 세계 대전의 결과와 전후 처리

전쟁은 군인들이 치르는 것이란다. 따라서 민간인의 피해나 희생은 없어야겠지. 그러나 제2차 세계 대전에서는 그런 원칙이 전혀 지켜지지 않았어. 독일은 민간인이 사는 런던과 레닌그라드를 공격했어. 그 결과 수십만 명의 민간인이 목숨을 잃었지. 독일뿐만이 아니야. 미국과 영국 공군 역시 독일 드레스덴을 폭격하여 수만 명의 민간인을 희생시켰단다. 또한 인종주의를 내세운 파시스트의 비인간적인 행동 때문에 민간인 희생자는 더욱 늘어났지. 가장 대표적인 사례로는 '홀로코스트'로 알려진 유대인 학살을 꼽을 수 있어.

"유대인을 지구에서 멸종시켜라."

이러한 히틀러의 지시에 따라 유대인 학살이 이뤄졌어. 유대인들은 폴란드의 아우슈비츠 수용소에서 견디기 힘든 강제 노동에 시달

▼ 아우슈비츠 수용소

리다 죽어 갔어. 수용소에는 '샤워실'이라 불리는 장소가 있었어. 독가스가 새어 나오는 곳이었지. 400만 명 이상의 유대인과 폴란드인이 이곳에서 희생되었단다.

일본도 독일 못지않게 야비하고 잔인했어. 중일 전쟁에서 난징을 점령했을 때 수십만 명의 시민을 무참히 학살했지. 만주에 있던 일본 731부대는 살아 있는 사람을 대상으로 생체 실험을 했어. 그러다 보니 제2차 세계 대전의 사망자 약 6000만 명에는 민간인 희생자가 4000만 명 정도 포함되어 있지.

이처럼 끔찍한 전쟁을 끝낸 것은 역설적이게도 대량 살상 무기인 원자 폭탄이었어. 원자 폭탄이 히로시마와 나가사키에 떨어진 순간 그 자리에서 수만 명이 사망했지.

원자 폭탄의 피해자는 당시 상황을 다음과 같이 표현했어.

"후텁지근한 바람이 밀려 왔다. 저 멀리 불길이 보였다. 검은 연기가 피어올랐고 곳곳에 불길이 타올랐다. 나가사키가 한순간에 폐허로 변했다."

원자 폭탄은 떨어진 순간에만 치명적인 무기가 아니었어. 원자 폭탄의 후유증으로 수만 명에서 수십만 명에 이르는 사람들이 고통 속에 살다가 세상을 떠났어. 미국이 원자 폭탄을 떨어트린 행동은 과연 옳았던 걸까?

한편 전쟁 뒤처리 문제에 대한 논의는 일본이 항복하기 이전부터 진행되고 있었어. 1943년, 이집트 카이로에서 미국, 영국, 중국의 정상이 만나 일본의 패전을 가정하고 일본의 영토 문제를 처리하기로 했어. 이때 우리나라의 독립 문제가 처음으로 언급되었지. 1945년, 전쟁이 막바지로 치달았을 때 연합국은 크림반도의 얄타 지역에 모여 독일을 어떻게 처리할지 논의했어. 전쟁이 끝나자 독일은 미국과 영국, 프랑스, 소련 등 네 나라의 통치를 받게 되었고 일본은 미국 군대의 지배 아래 들어갔어.

그렇다면 이렇게 끔찍한 전쟁을 일으킨 책임을 누구에게 물어야 할까? 연합국 대표들은 독일과 일본에서 전범 재판을 열었어. 독일의 뉘른베르크 재판과 일본의 도쿄 재판에서 열두 명의 독일인과 일곱 명의 일본인 전쟁 범죄자에게 사형이 선고되었지. 독일은 그 뒤로도 전쟁 범죄자를 철저히 조사하고 처벌했어. 그러나 일본은 위안부 동원이나 민간인 학살 등과 같은 전쟁 범죄를 쉬쉬하며 묻어 버렸지.

제2차 세계 대전이 끝나자 여러 나라의 뜻은 하나로 모아졌어. 다시는 이러한 전쟁이 일어나서는 안 된다는 것이었지. 그래서 '국제 연합', 즉 UN이라는 새로운 국제 기구를 탄생시켰어. 당시 국제 연합에 가입한 51개국은 세계 평

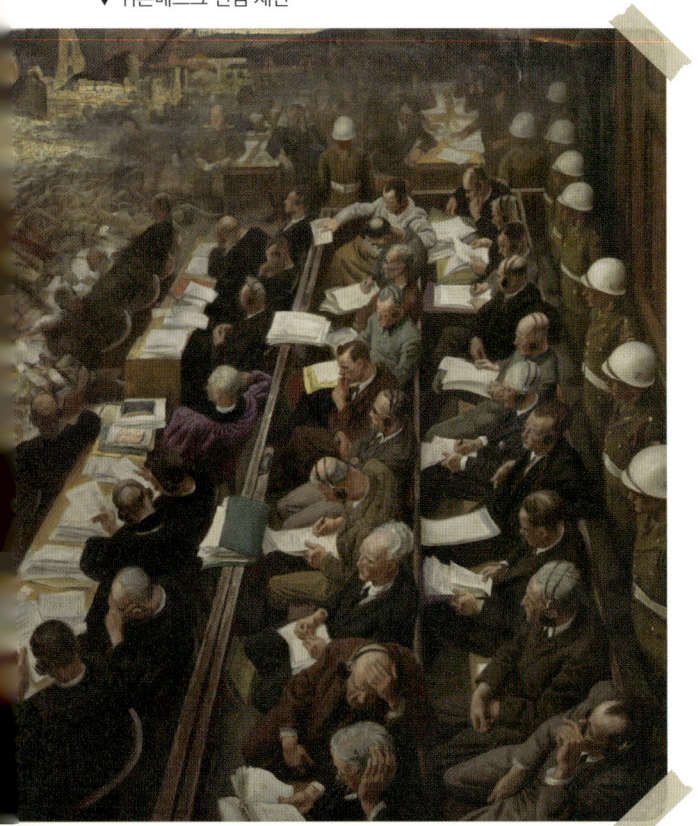

▼ 뉘른베르크 전범 재판

화를 지키겠다고 약속했어. 오늘날에는 우리나라는 물론이고 전쟁을 일으킨 독일과 일본 등 전 세계 200개에 가까운 나라가 국제 연합의 회원국이 되었단다.

제1차 세계 대전 이후 결성된 국제 연맹은 아무런 힘이 없었지. 따라서 국제 연합은 국제 연맹의 실패를 거울 삼아 국제 연합 안전 보장 이사회를 설치했어. 또한 침략 행위를 막을 수 있는 군사력을 갖추게 되었지. 그것이 바로 국제 연합의 평화 유지군이야. 세계 평화를 위협하는 사건이 발생하면 국제 연합은 평화 유지군을 파견하여 문제를 해결하려고 노력한단다.

국제 연합 안전 보장 이사회는 국제 분쟁을 해결하기 위해 둔 국제 연합의 주요 기관이야.

국제 연합군인 평화 유지군(유엔군)은 1950년에 처음으로 만들어져서 6·25 전쟁에도 파견되었어.

역사 속 상식 쏙

인종 청소

히틀러가 이끈 나치는 유대인 약 600만 명을 학살했어. 당시 유럽에 거주하던 유대인이 약 900만 명이었으니 3분의 2가 희생당한 셈이야. 그런데 나치 독일의 희생자는 유대인뿐만이 아니었어. 히틀러는 롬인들이 지저분하고 무질서하니 없애야 한다고 주장했어. 롬인은 코카서스 인종에 속하는 소수 민족으로, 유럽의 여러 지역에서 일정한 거주지가 없이 떠돌아다니며 생활해. 흔히 '집시'라고 불리지. 그 당시 유럽에서 살던 롬인 약 100만 명 중 20만 명가량이 히틀러에게 학살당했지. 그러나 롬인에 대한 자료가 제대로 없기 때문에 더 많은 사람들이 희생당했을 가능성도 높다는구나. 신체 장애인과 정신 질환자 수십만 명도 나치에 의해 목숨을 잃었어. 이들은 또한 인간을 대상으로 생체 실험을 하기도 했어. 의사들과 과학자들이 유대인과 롬인, 장애인 등에게 각종 약물을 주입하거나 잔인한 외과 실험을 자행했다고 해.

📖 세계사가 한눈에 쏙!

01 독일은 이탈리아와 동맹을 맺은 뒤 오스트리아를 합병하고 체코슬로바키아를 점령했다. 곧이어 소련과 불가침 조약을 맺고 폴란드를 침공했다. 이에 영국과 프랑스는 독일에 선전 포고를 했고 제2차 세계 대전이 발발했다.

02 전쟁 초기에 독일은 덴마크와 노르웨이에 이어 벨기에, 네덜란드, 프랑스를 점령했다. 또한 이탈리아와 힘을 합쳐 북아프리카를 침략했다. 영국의 전투기가 독일의 전투기에 완강하게 맞서면서 전쟁은 쉽게 끝나지 않았다. 독일은 전쟁 물자가 부족해지자 불가침 조약을 깨고 소련으로 쳐들어갔다.

03 일본은 중국에 전쟁을 선포한 뒤 수도인 난징을 점령하고 주요 철도와 항구를 빼앗았다. 중국인들의 저항으로 중일 전쟁이 길어지자 일본은 국가 총동원법을 만들어 식민지를 수탈했다. 제2차 세계 대전 당시 일본은 추축국이 되어 동남아시아로 세력을 넓히려 했다. 이에 미국이 일본의 식민지 정책을 반대하자, 일본은 하와이의 진주만 해군 기지를 공습하며 태평양 전쟁을 일으켰다.

04 추축 동맹국 중 이탈리아가 무솔리니를 몰아내고 가장 먼저 항복을 선언했다. 연합군이 노르망디 상륙 작전을 성공시키고 소련과 양쪽에서 베를린까지 쳐들어오자 히틀러는 권총으로 자살했고 독일은 항복했다. 끝까지 버티던 일본은 미국의 원자 폭탄 공격에 항복을 선언했다.

05 제2차 세계 대전은 약 6000만 명의 사망자가 발생한 전쟁으로, 그중 4000만 명가량이 민간인이었다. 전쟁 뒤 연합국 네 나라가 독일을 나눠서 통치했고 일본은 미국 군대의 지배를 받게 되었다. 전쟁 방지와 평화 유지를 위해 국제 연합(UN)이 창설되었다.

사진 저작권

| 8쪽 세포이 항쟁 [출처] 위키피디아 (CCO)

| 9쪽 플라시 전투 뒤 영국 동인도 회사와 인도 벵골군의 만남 [출처] 위키피디아 (CCO)

| 10쪽 시크 전쟁 [출처] 위키피디아 (CCO)

| 12쪽 세포이 [출처] 위키피디아 (CCO)

| 14쪽 인도 국민 회의 창립 대회 기념사진 [출처] 위키피디아 (CCO)

| 20쪽 청년 튀르크당 [출처] 위키피디아 (CCO)

| 21쪽 탄지마트 칙령 발표 [출처] 위키피디아 (CCO)

| 26쪽 제1차 세계 대전의 참호 [출처] 위키피디아 (CCO)

| 28쪽 삼국 협상 [출처] 위키피디아 (CCO)

| 32쪽 사라예보 사건 [출처] 위키피디아 (CCO)

| 32쪽 체포되는 프린시프 [출처] 셔터스톡

| 38쪽 U보트 [출처] 셔터스톡

| 39쪽 솜강 전투의 영국군 부상자들 [출처] 위키피디아 (CCO)

| 40쪽 치머만의 암호 전보 [출처] 위키피디아 (CCO)

| 41쪽 제1차 세계 대전의 참전 독려 포스터 [출처] 셔터스톡

| 43쪽 프랑스군의 승리 기념 행진 [출처] 셔터스톡

| 44쪽 참호전 [출처] 셔터스톡

| 45쪽 방독면 보관함 [출처] 셔터스톡

| 45쪽 방독면 [출처] 셔터스톡

| 45쪽 〈개스드〉 [출처] 위키피디아 (CCO)

| 46쪽 비미 추모비 [출처] 셔터스톡

| 47쪽 영국 군수 공장에서 일하는 여성 노동자들 [출처] 셔터스톡

| 52쪽 민족 자결주의를 제창하는 우드로 윌슨 [출처] 셔터스톡

| 54쪽 윌슨의 14개조 평화 원칙 [출처] 위키피디아 (CCO)

| 54쪽 신한청년당 13개조 [출처] 위키피디아 (CCO)

| 55쪽 파리 강화 회의 [출처] 셔터스톡

| 56쪽 윌슨, 클레망소, 조지, 오를란도가 함께한 사진 [출처] 위키피디아 (CCO)

| 58쪽 베르사유 조약 그림 [출처] 위키피디아 (CCO)

| 61쪽 국제 연맹 문장 [출처] 위키피디아 (CCO)

| 62쪽 독일 마르크 [출처] 위키피디아 (CCO)

| 66쪽 여성 참정권을 주장하는 영국 여성들 [출처] 셔터스톡

| 66쪽 여성 노동자 [출처] 위키피디아 (CCO)

| 72쪽 연설하는 레닌 [출처] 위키피디아 (CCO)

| 74쪽 포츠머스 협약 [출처] 위키피디아 (CCO)

| 75쪽 가폰 신부 [출처] 위키피디아 (CCO)

| 76쪽 피의 일요일 그림 [출처] 위키피디아 (CCO)

| 77쪽 포툠킨호 [출처] 위키피디아 (CCO)

| 83쪽 러시아 혁명 당시 사진 [출처] 위키피디아 (CCO)

| 86쪽 크렘린 궁전과 붉은 광장 [출처] 셔터스톡

| 88쪽 소련의 선전 포스터 [출처] 위키피디아 (CCO)

| 90쪽 코민테른 의회 개막 그림 [출처] 위키피디아 (CCO)

| 91쪽 소련 국기 [출처] 위키피디아 (CCO)

| 91쪽 초기 소련의 지폐 [출처] 위키피디아 (CCO)

| 96쪽 히틀러와 무솔리니 [출처] 위키피디아 (CCO)

| 97쪽 대공황 당시 노동자들 [출처] 셔터스톡

| 97쪽 대공황 시위 [출처] 셔터스톡

| 98쪽 뱅크 런 [출처] 위키피디아 (CCO)

| 99쪽 뉴딜 정책 묘사 그림 [출처] 위키피디아 (CCO)

| 103쪽 검은 셔츠단 [출처] 위키피디아 (CCO)
| 105쪽 이탈리아 월드컵 포스터 [출처] 셔터스톡
| 107쪽 독일 외교관을 암살한 유대인 청년 [출처] 위키피디아 (CCO)
| 109쪽 영화 〈위대한 독재자〉 스틸컷 [출처] 위키피디아 (CCO)
| 111쪽 집단 농장의 노동자들 [출처] 위키피디아 (CCO)
| 118쪽 독일의 도시에 폭격하는 미군 전투기 [출처] 위키피디아 (CCO)
| 120쪽 뮌헨 협정 기념사진 [출처] 위키피디아 (CCO)
| 121쪽 불가침 조약에 합의하는 독일과 소련 [출처] 위키피디아 (CCO)
| 121쪽 독일의 폴란드 침공 [출처] 위키피디아 (CCO)
| 122쪽 바르샤바 폭격 (1) [출처] 위키피디아 (CCO)
| 122쪽 바르샤바 폭격 (2) [출처] 위키피디아 (CCO)
| 124쪽 폭격 지역을 둘러보는 윈스턴 처칠 [출처] 위키피디아 (CCO)
| 125쪽 모스키토 전투기 [출처] 위키피디아 (CCO)
| 126쪽 독일의 소련 침공 [출처] 위키피디아 (CCO)
| 127쪽 레닌그라드 전투의 사상자들 [출처] 위키피디아 (CCO)
| 128쪽 중일 전쟁 그림 [출처] 위키피디아 (CCO)
| 130쪽 진주만 공습 [출처] 위키피디아 (CCO)
| 132쪽 스탈린그라드 전투 [출처] 셔터스톡
| 133쪽 노르망디 상륙 작전 [출처] 셔터스톡
| 134쪽 가미카제 공격을 받은 미군 [출처] 위키피디아 (CCO)
| 135쪽 나가사키 원자 폭탄 투하 [출처] 셔터스톡
| 135쪽 드레스덴 폭격 그림 [출처] 위키피디아 (CCO)

| 136쪽 아우슈비츠 수용소 [출처] 위키피디아 (CCO)
| 138쪽 뉘른베르크 전범 재판 그림 [출처] 위키피디아 (CCO)

열다 지식을 열면, 지혜가 열립니다. 나만의 책을, 열다.

한눈에 쏙 세계사
8 제국주의와 세계 대전

초판 1쇄 발행 2020년 01월 02일
초판 6쇄 발행 2023년 01월 05일

글 위문숙 그림 이은열 감수 박소연·손은혜

ⓒ 위문숙, 이은열 2020
ISBN 979-11-90267-37-3 73900

* 저작권법에 의하여 한국 내에서 보호를 받는 저작물이므로 무단 전재와 무단 복제를 금합니다.
* 이 도서의 국립중앙도서관 출판예정도서목록(CIP)은 서지정보유통지원시스템 홈페이지(http://seoji.nl.go.kr)와 국가자료공동목록시스템(http://www.nl.go.kr/kolisnet)에서 이용하실 수 있습니다. (CIP제어번호: CIP2019051531)
* 책값은 뒤표지에 있습니다.
* 잘못 만들어진 책은 구입하신 곳에서 바꾸어 드립니다.

발행처 주식회사 스푼북 | 발행인 박상희 | 출판신고 2016년 11월 15일 제2017-000267호
제조국 대한민국 | 주소 (03993) 서울시 마포구 월드컵북로 6길 88-7 ky21빌딩 2층
전화 02-6357-0050(편집) 02-6357-0051(마케팅)
팩스 02-6357-0052 | 전자우편 book@spoonbook.co.kr
＊12세 이상 어린이 제품

열다 는 스푼북의 어린이책 브랜드입니다.

제품명 한눈에 쏙 세계사 8	**제조자명** 주식회사 스푼북	**제조국명** 대한민국	⚠ 주 의
전화번호 02-6357-0050	**주소** 서울시 마포구 월드컵북로 6길 88-7 ky21빌딩 2층		아이들이 모서리에 다치지 않게 주의하세요.
제조년월 2023년 01월 05일	**사용연령** 12세 이상		

※ KC마크는 이 제품이 공통안전기준에 적합하였음을 의미합니다.